D1691842

MONIKA KOMPANÍKOVÁ

Am Zusammenfluss

Roman

*Aus dem Slowakischen übersetzt
von
Andrea Reynolds*

DRAVA

This book was published with a financial support from SLOLIA,
Centre for Information on Literature in Bratislava.

LIC LITERÁRNE
INFORMAČNÉ
CENTRUM

Drava

DRAVA VERLAG • ZALOŽBA DRAVA GMBH
9020 Klagenfurt/Celovec
www.drava.at

© 2019 bei Drava Verlag GmbH,
Klagenfurt/Celovec
Lektorat: Josef G. Pichler

ISBN 978-3-85435-908-1

1

Anička dreht den Schlüssel im Schloss um und tritt einen Schritt zurück. Der Schlüssel sitzt fest im Schlüsselloch, das Schlüsselband baumelt und stößt gegen die Tür. Das Mädchen steht unschlüssig einen Meter von der Tür entfernt und lauscht. Es steht dort bewegungslos, hinter der Tür ist es still, das ganze Haus ist starr. Von draußen hört sie das leichte Rascheln der Bäume. Als sie die Hand bewegt, streift sie mit dem Ärmel ihr Rüschenkleid aus Organza, der Stoff raschelt. Mit den Händen streicht sie den Rock des Theaterkostüms glatt, zieht den Schlüssel heraus und schaut durch das Schlüsselloch ins Zimmer.

Sie sieht einen runden Ausschnitt, fürs Erste nur ein zersplittertes Farbenmuster, wie Glasstückchen zerstreut im Kaleidoskop. Bevor sie aus dem Zimmer gegangen war, hatte sie noch die Vorhänge zugezogen und nur einen kleinen Spalt offen gelassen, durch den etwas Morgenlicht in den Raum gelangte. Es wird Tag. Als sich ihr Auge an die Dämmerung im Zimmer gewöhnt hat, sieht sie die Hand, die über den Bettrand hängt, zwei Finger berühren leicht den Boden. Der Ärmel des Pullovers ist etwas hochgeschoben, blaue Adern kreuzen das derbe Handgelenk und den Handrücken. Sie sieht auch einen Teil des Oberkörpers, den grünen Pullover, die Bettdecke und einen unters Bett geschobenen Schuhkarton. Das Bild verschwimmt, als sie sich bewegt und ihr Auge ans Schlüsselloch drückt. Ihr schönes Kleid raschelt.

Sie sieht das Bild über dem Bett. Schärft den Blick, das Auge juckt etwas, sie blinzelt, schaut wieder konzentriert. Die traurige Landschaft mit dem Hirsch in dem gerissenen Gipsrahmen hängt schon seit Jahren in Vaters Zimmer an dem Nagel gegenüber der Tür. Der Hirsch blickt fokussiert geradeaus, zum Schlüsselloch hin, seine Beine etwas gespreizt, die Geweihkrone in die Zweige eines Baumes verhakt. Espen oder Buchen ohne Blätter, ein dichtes Gehölz, der im Gras ausgetretene Weg windet sich zwischen den geneigten Bäumen hindurch. Hinten, in dem schmalen Spalt zwischen den Bäumen, gehen die sich zurückziehenden Hügel und der Himmel ineinander über. Der Hirsch bewegt die Ohren, das eine Ohr heruntergebogen, das andere wie ein Pfeil aufgerichtet, die Nüstern weit geöffnet, sie suchen den Schützen. Die Hügel wichen zurück und verblassten.

Plötzlich bewegt sich die aus dem Bett hängende Hand, der Körper regt sich, vielleicht hatte Papa den Kopf umgedreht. Anička erschrickt angesichts der plötzlichen Bewegung, sie richtet sich auf, wickelt sich das Schlüsselband um die Finger. Drückt den Schlüssel fest in die Hand.

»Psssst«, flüstert sie. Er sollte bloß nicht aufwachen, musste wenigstens noch zwei, drei Stunden schlafen. Dann, zur Mittagszeit, wird sie ihn wecken, ihm saubere Kleidung, die sie schon zurechtgelegt hat, ins Zimmer bringen. Oder auch nicht, sie versteckt nur alles Dreckige, den Arbeitsanzug, die grüne Militärsteppjacke, das Flanellhemd mit den eingetrockneten Betonresten, und legt die saubere Kleidung einfach auf den Stuhl. Er sollte nur gut ausschlafen, damit er am Abend wieder fit war.

Anička zieht sich vorsichtig bis zur obersten Treppenstufe zurück, steht noch eine Weile unentschlossen da und blickt zur Tür hin. Es kann nichts Schlimmes passieren, redet sie sich selbst in Gedanken zu. Papa wird ausschlafen und alles wird in Ordnung sein. Dann werden sie gemeinsam zur Schule gehen. Doch jetzt muss sie ihn im Zimmer einschließen.

2

Ein Gefühl von Kälte weckt mich auf. Ich reibe meine kalten Zehen aneinander, taste nach der Bettdecke, finde sie und ziehe sie über. Fest eingerollt in meine Bettdecke liegt mein Sohn neben mir, er ruht auf dem sicheren Grund seiner Kinderträume. Ich setze mich aufrecht und stelle meine Füße auf den kalten Fußboden. Ich gehe ins Bad hinüber, trinke den Rest Wasser aus, der noch im Glas übriggeblieben war, schaue in den Spiegel. Das Bad ist nur durch den schwachen Schein der Straßenlampen erleuchtet und mein Gesicht hat im Spiegel eine zerfurchte Oberfläche, es sieht ausgemergelt und müde aus. Ich gehe in die Küche, schiebe die Gardine zur Seite und schaue hinaus auf die Straße.

Jede Nacht wache ich wegen irgendetwas auf. Ich spüre einen eigenartigen Druck, als ob zu schwere, mit Wasser gefüllte Wolken auf das Dach drücken würden, der Dachstuhl knarrt, die Wände ächzen. Manchmal höre ich die Tür, mein Sohn ist auf dem Weg zu mir ins Bett, die nackten Füße tappen über den Boden, seine Bettdecke, die er mitunter hinter sich herzieht, reißt Gegenstände mit sich auf den Boden. Ein andermal tritt er mir im Schlaf in den Bauch, oder fällt aus dem Bett, oder fängt an zu weinen. Manchmal schmatzt er wonnig oder redet im Schlaf. Wenn er mich nicht aufweckt, dann weckt mich die Erwartung auf, dass mich etwas stören könnte, was aber gar nicht zwangsläufig passieren muss, doch mein Körper und meine Sinne reagieren nach sechs Jahren so übersensibel. Ich stehe nachts schon ganz automatisch auf, kehre dann zurück und schlafe problemlos wieder ein. Nur das leere Wasserglas beim Waschbecken erinnert sich daran, wie die Nacht war.

Draußen ist es November, doch die Dunkelheit ist irgendwie anders als sonst. Ich stehe eine Weile, knautsche die Gardine zwischen den Fingern. Irgendetwas hat sich draußen verändert und ich weiß nicht, was es ist. Fast jede Nacht schaue ich dieses Bild an, es ist sonst immer gleich, und jetzt kann ich nicht diese kleine Veränderung finden. Das Bild, welches ich sehe, ist nichts Außergewöhnliches, es ist weder malerisch noch interessant. Der mit Graffiti besprühte Trafo steht an seinem gewohnten Ort direkt unter dem Fenster, die Regenrinne ist genauso geneigt wie gestern, gegenüber die Einfamilienhäuser, diese hässlichen Klötze mit den grauen Brisolitputzfassaden, um die sich die asphaltierte Straße herumwindet. An der Mauer eines Hauses, nahe beim Pfosten der fünften Straßenlampe, die nicht leuchtet, funzelt ein schwaches Licht, irgendjemand zündet dort eine Kerze an, vor drei Tagen war dort eine Frau gestorben. Wir hatten beobachtet, wie sie wiederbelebt wurde – die Hände von zwei Rettungskräften hatten abwechselnd auf ihren Brustkorb gedrückt, die Reflektorstreifen an den Ärmeln und den Knien ihrer roten Anzüge hatten in der Dämmerung geleuchtet. Zuerst war überall Hektik und Bewegung gewesen, dann verlangsamte sich die Bewegung, der regelmäßige und genau berechnete Rhythmus der Lebensrettung riss ab. Die Sanitäter blieben mit hängenden Köpfen auf der Bordsteinkante neben dem Körper sitzen, ein Moment des Bedauerns und vielleicht der Müdigkeit, sechs Uhr morgens, Dämmerung, die Finger vom Morgenfrost steif. Mein Sohn sah nur die blauen und roten Lichter der Rettungswagen und der Polizeiautos, wie in der LEGO-Werbung, der Baum verhinderte ihm die Sicht auf den Körper und er bekam die Zusammenhänge nicht mit. Er freute sich, dass da draußen etwas los war.

Ich bin mir nicht ganz sicher, ob ich wirklich das Licht sehe, den Docht und das brennende Feuer, oder ob es nur der Glanz des leeren Kerzenglases ist. Nach einer Weile bemerke ich, dass die Straßenlampen nicht mehr leuchten. Deshalb ist es eine andere Dunkelheit, sie ist so dicht, drückt an die Fenster.

Plötzlich zerschneiden zwei Scheinwerferkegel eines Autos, das um die Ecke gefahren kommt, die Dunkelheit, die Lichter sind grell, sie springen über die Leitplanken, die Zäune, die kahlen Büsche. Als das Auto verschwunden ist, kehre ich ins Bett zurück, Jakub wälzt sich träge herum, wirft übermütig seine Arme zur Seite und entblößt den Brustkorb, er ist so verletzlich in dieser Position. Der Mund halb geöffnet, am Kinn angetrockneter Speichel. »Psssst, leise ...«, flüstere ich.

Am Morgen stehe ich ebenso automatisch auf, setze mich auf, stelle die Füße auf den kalten Fußboden. Der Junge liegt zu einem Knäuel zusammengerollt, als ob auch er gemerkt hätte, dass diese Position die sicherste ist. Einen Moment schaue ich seine mit blauen Flecken übersäten Beine an, schmale Beine, runde Knie und sein großer Kopf fast bei den Knien. Die kleine Hand mit den mit Filzstiften beschmierten Fingern hat im Schlaf ihre Faust gelöst und die Ecke des Kissens, an der sie sich zuvor festgeklammert hatte, berührt sie jetzt nur noch leicht.

Ich decke den Jungen mit meiner warmen Bettdecke zu und schlurfe in die Küche. Ich hebe den Wasserkocher an, wäge ihn in der Hand ab, er ist voll, etwas Wasser läuft über und rinnt am Kocher hinunter auf die Tischplatte. Ich schalte ihn ein, hole die Teekanne heraus. Tee, Wasser, Zucker, Zitrone, jeden Morgen das Gleiche, manchmal fehlt etwas. Mir ist das egal, außer dem Jungen gibt es hier niemanden, der mir das vorwerfen würde. Es findet sich immer etwas, das fehlt oder nicht funktioniert oder anders ist als gestern, anders, als wir es uns vorgestellt hatten. Manchmal gibt es deshalb in der Küche Gezeter, denn der Junge möchte dies und das und nichts anderes, doch letztendlich gibt er sich auch mit einem Glas Milch zufrieden. Was auch. »Wir können nicht alles haben«, sage ich ihm, »erwarte nicht, dass es immer so sein wird, wie du es dir vorstellst.« Mitunter entschuldige ich mit solchen Reden meine eigene Unordentlichkeit und dass ich nicht vorbereitet bin, was nicht heißt, dass ich solche Erziehungstheorien nicht ernst nehme. Während das Wasser im Kocher blubbert, schaue ich auf die Stelle bei der Mauer. Das Licht ist jetzt nicht zu sehen, nur der rote Kerzenhalter aus Kunststoff und gelbe Blätter, heruntergefallen zwischen den Lichtmasten und der Hausmauer.

Der Junge tappt durch den Flur, mit zaghaftem Schritt tritt er aus seinem Traum heraus und betritt die kalte Küche. »Mami …«, lispelt er, streicht an meinen Beinen herum wie eine Katze, um sich zu versichern, dass ich wirklich da stehe, und setzt sich an den Tisch. Aus ihm strömt Wärme und Ruhe, er riecht nach tiefem Schlaf, ist noch benommen, löst sich erst vom Boden seines Traumes. Wir schauen einander einen Moment an, er ist noch nicht ganz aufgewacht, die Augenlider fallen ihm noch herunter und seine Mundwinkel hängen, als ob er gleich anfangen würde zu weinen. Doch etwas später ist sein Blick klar und direkt, verliebt in die Frau, die er am besten kennt und an der er keinerlei Zweifel hat, der gegenüber er keinerlei Scheu empfindet, sondern nur unendliches Vertrauen und völlig unbegründete Bewunderung. Dieser Blick schlägt bei mir ein. Ich senke die Augen. »Mami«, schnauft er noch einmal. »Guten Morgen«, sage ich.

3

Anička hatte das Kleid erst gestern vor der Generalprobe bekommen, in einem Stoffbeutel, zugezogen mit einer Schnur, in Eile zwischen der Probe und dem Bemalen der Kulissen. Nach außen hin war alles gar nicht so feierlich und besonders gewesen, wie sie sich das vorgestellt hatte, beim Verteilen der Kostüme, die auf einem Haufen mitten in der Turnhalle lagen, hatte ihr jemand dieses weiche runde, doch beim Berühren raue Päckchen in die Hand gedrückt, es war unangemessen klein und ernüchternd gewöhnlich, sie hatte etwas ganz anderes erwartet. Sie hatte es genommen, es mit beiden Händen an die Brust gedrückt und war weggelaufen, um es schnell in ihre Schultasche zu stecken, nicht dass es sich zufällig noch jemand anders überlegte und ihr das Kleid und die Rolle wegnahm.

Lenka, die die Theatergruppe leitete, hatte die Kinder geschickt dazu ermuntert, selbst zu bestimmen, wer was spielen würde, damit die Rollen für sie keine Belohnung oder Bestrafung waren, sondern etwas wie eine Bestimmung. In der Gruppe gab es zwei Erstklässler sowie einige Zweitklässler und Drittklässler, eine Mischung verschiedener Charaktere und Temperamente. Die Älteren waren ehrgeizig, einige andere Kinder hatten es nur nicht geschafft, sich für andere Zirkel anzumelden, und ein paar Schülern hatte die Schulpsychologin die Theatergruppe verordnet, als Hilfe auf dem Weg zu einem gesünderen Selbstbewusstsein. Die Jüngsten zeigten pure Freude. Wenn sie tanzen sollten, dann hüpften sie und wedelten mit den Armen herum und es kümmerte sie nicht, ob sie auf der für sie mit Klebeband auf dem Fußboden befestigten Markierung tanzten, ob mit dem Rücken oder mit dem Gesicht dem Publikum zugewandt.

Die Ältesten ahmten ganz eitel und verbissen die Gesten ihrer Pop-Ikonen aus den Videoclips nach und fochten einen Kampf mit ihrem eigenen Körper aus, für den sie sich schämten.

Der Drittklässlerin Anička war mehr oder weniger durch einen glücklichen Zufall eine der Hauptrollen zugefallen. Sie hatte sich diese Rolle noch viel mehr gewünscht als die anderen Kinder, schon wegen des schönen Rüschenkleides, das sie wenigstens einmal im Leben tragen wollte und zu dem für sie sonst kein Weg führte. Bis sie begriff, was da gerade geschah, hatten die anderen Kinder schon die einfacheren Rollen unter sich aufgeteilt, Rollen, wo man kaum etwas zu sagen hatte, sie waren die Büsche, die Tiere und die Schneeflocken, und ihr wurde eine der beiden Hauptrollen mit einer Menge Text und einem Lied ohne instrumentale Begleitung zugeteilt. Ihr Kopf füllte sich sofort mit der Vorstellung von der Premiere und allem, was dazugehörte – die Gegenstände, die Geräusche und das Licht, die Musik, das schimmernde leichte Kleid, der Samtvorhang, die gedämpften Stimmen der festlich gekleideten Leute im Zuschauerraum, der Applaus, der Gang auf die Bühne, wieder Applaus, Blumen, Kulissen, alles, was eine gewöhnliche Turnhalle in eine ideale Traumlandschaft verwandelte. Das war so viel auf einmal, dass sich ihre Vorstellungen, die Erwartungen und die eher nüchterne Wirklichkeit miteinander vermischten und diese erste Diskrepanz von Vorstellungen und Realität sie verwirrt und ängstlich zurückließ.

Sie steckte den Beutel in ihre Schultasche und lief in der Dunkelheit von der Theatergruppe nach Hause. Das Kleid packte sie erst aus, als ihr Vater zur Nachtschicht auf den Bau gegangen war, und die Zeit bis dahin durchlebte sie in qualvollem Warten. Aus dem Leinenbeutel ergoss sich eine Flut von altrosafarbenem Organza, ein graues Band mit einer Satinschleife und etwas Weißes, Zerknautschtes mit zwei mit Flitter benähten Ärmeln. Es roch zwar etwas merkwürdig, so ein Kellergeruch, und die Ärmel waren eingerissen, doch es war ein aus einem richtigen Theater ausgeliehenes Kleid und hatte einen breiten aufgebauschten Rock, der aus zehn oder zwölf übereinander genähten Schichten bestand. In der kalten Küche wirkte das Kleid fehl am Platz, wie ein Artefakt aus einer anderen Welt, aus einer völlig anderen Zeit, für andere Leute bestimmt, nicht für Anička und ihren Vater, der in diesem Moment auf der Baustelle irgendeines Hauses mit der Kelle den Kalkputz an die Wand warf und sich die Nase mit dem Ärmel seines Arbeitsanzuges abwischte.

Ihr Vater war in den letzten Wochen auch zu Nachtschichten gegangen und hatte Anička allein zu Hause gelassen, denn sie sei ja schon groß und vernünftig, er vertraue ihr. Und außerdem tue ihnen das Extrageld gut. Das erste Mal war er mit Selbstvorwürfen gegangen, besorgt, und er war früher zurückgekommen, als er angekündigt hatte. Anička schlief genau so im Bett, wie er sie hingelegt hatte, alles war in Ordnung und er ging dann öfter abends arbeiten und blieb länger. Er brachte sie ins Bett, ließ das Licht auf dem Flur an, stellte ihr eine Thermoskanne mit Tee ans Bett, stellte den Wecker, damit sie morgens nicht verschlafen und zu spät in die Schule kommen würde, und bat ihre Nachbarin, sie solle, bevor sie selbst schlafen gehe, noch einmal kontrollieren. »Es reicht, wenn Sie von der Tür aus nach ihr rufen, wenn sie sich nicht meldet, dann schläft sie«, hatte er gesagt. »Sie müssen nicht hochgehen. Nur, wenn sie weint. Doch das wird sie nicht«, fügte er hinzu. »Behalten Sie den Schlüssel, falls wir uns mal ausschließen, dann ist er bei Ihnen sicher.« Nicht mehr und nicht weniger. Er lud sie nie in die Wohnung ein, begann nie ein längeres Gespräch und er siezte sie immer, obwohl sie kaum älter war als er und ihre Gärten Zaun an Zaun lagen.

Manchmal kam er betrunken nach Hause, Anička merkte es daran, dass er auf dem Weg in die obere Etage und dann in seinem Zimmer herumpolterte, sich in seinen Arbeitsklamotten aufs Bett warf und morgens nicht aufwachte. »Ich werde das nicht mehr tun«, versprach er jedes Mal schuldbewusst wie ein Schuljunge, wenn er wieder ausgenüchtert war, oder er sagte »mach dir keine Sorgen um mich«, wenn er noch nicht wieder ausgenüchtert war. Da war er ein anderer Papa, mit einer anderen, unbekannten Stimme. Sie musste gar nichts zu ihm sagen, gar nicht fragen, ihre Gegenwart allein war ein Vorwurf. Wenn noch eine Person zu Hause wäre, die ihm in solch einer Situation helfen würde, oder dank derer es zu diesen Situationen gar nicht erst kommen würde, dann wäre alles einfacher und anders. Die Verantwortung und auch die Schuld würden sich verteilen. Selbst wenn noch jemand zu Hause wäre, der auch manchmal solchen Mist baute wie er, dann würde sich ihre Aufmerksamkeit aufteilen. So sieht sie nur ihn, blickt ihn konzentriert an, wie ein Ziel vor dem Abschuss, doch es fällt kein Schuss. Anička starrt nur stumm und läuft nur stumm durchs Haus, in dem sich die bedrückende Stille vervielfacht wie in einem Schallrohr.

Wenn er allein zu Hause wäre, ohne Anička, wäre es ihm egal, wie er aussieht und wie er sich verhält und vielleicht würde es ihm in dieser Gleichgültigkeit auch gut gehen, besser. Wenn sie nicht heranwachsen würde, sondern solch ein kleiner Knirps bliebe, der unverständlich herummurmelte und unkritisch alles annehmen würde, was der ihm am nahesten stehende Mensch anbot. Wenn sie ihn nicht so beobachten und verfolgen würde. Wenn sich in ihrem Gesicht nicht alles so klar spiegeln würde, was ihr durch den Kopf ging, all die kindlich aufrichtigen, unkontrollierten und furchtlosen Gedanken, wenn sie nicht der Spiegel seiner selbst wäre, wie einfach wäre dann sein Leben. Es gäbe nur ihn allein mit minimalen Ambitionen und mit dem Glauben an die eigene Machtlosigkeit und an die Schuld der Eltern und des Staates, die die Vorwürfe im Menschen selbst angenehm dämpft und alles Versagen entschuldigt.

Anička ärgerte sich in Wirklichkeit gar nicht über ihn, sie hatte Angst um ihn. Er schien ihr krank, wenn er auf dem Bett lag und sich nicht bewegen konnte, zerbrechlich, wenn er sich an den Türpfosten lehnte und versuchte, das Gleichgewicht zu halten. Schwach, wenn er sich wieder betrank – nur ein, zwei Tage, nachdem er versprochen hatte, damit aufzuhören. Ein Versprechen, das er den Türen, den Wänden, dem Fenster, den Krähen gegeben hatte, die draußen im Garten mit den harten Schalen der Walnüsse kämpften. Er hatte Angst, Anička ins Gesicht zu schauen, sowohl wenn er nüchtern war als auch wenn er stockbetrunken war und sich solch ein nicht konkret adressiertes Versprechen irgendwie leichter brechen ließ. Er suchte nach irgendwelchen Ausreden, spürte aber selbst, dass er nicht überzeugend war, und wenn er den Ausreden nicht einmal selbst glaubte, dann konnte er sie nicht glaubwürdig vermitteln. Und dieses kleine Mädchen, an das er sich selbst nach acht Jahren noch nicht hatte gewöhnen können, schaute nur und schaute und sagte nichts und dieses Schweigen war schlimmer als ein einziger laut ausgesprochener, mit Worten abgegrenzter Vorwurf, denn es war tief. Er ging ihr lieber aus dem Weg, fand diesbezüglich immer eine Ausrede. Er schlief viel und arbeitete viel.

4

Der Junge sitzt am Tisch, er sitzt krumm und tut gelangweilt, möchte nicht aufs Frühstück warten. Wenn es vor ihm steht, dann nörgelt er darüber, obwohl seine geliebte Mama es ihm gemacht hat. Er hat jedoch keine Wahl, wenn er nicht hungrig bleiben will, muss er es essen, ich biete ihm heute nichts anderes an, denn wir haben gar nichts anderes, und selbst wenn wir es hätten, so würde ich ihm trotzdem nur den Joghurt geben, damit er etwas Ordentliches isst. Am Nachmittag gehen wir in die Bäckerei, verspreche ich, und kaufen Buchteln, wie neulich – neulich hatte Jakub der Tante im Laden das Lied über die Buchteln gesungen und sie hatte ihm drei obendrauf gegeben, so hatten wir uns damit vollgestopft, die Münder voller Zucker, die Finger klebrig, auf der Herbstjacke eine dünne Schicht Puderzucker. Das hatte unsere Laune verbessert, wir waren eng ineinander eingehakt nach Hause zurückgekehrt und ich hatte ihn nicht ermahnt, nicht einmal, als er in eine Pfütze sprang und dabei irgendein Mädchen in einem rosafarbenen Overall vollspritzte. Er hatte in der Bäckerei gelispelt, er sei dreieinhalb, dreieinhalb und er hatte das Lied über die Buchteln komponiert, die Tante in der Bäckerei hatte ihm geglaubt und schon hatte es Buchteln gegeben.

Jetzt rührt er im Joghurt herum, versucht den so zu mischen, dass ihm auf dem Boden noch ein bisschen reine Marmelade übrigblieb, damit es dort eine Überraschung gab. Ein erfinderischer Junge, der auch da noch etwas Schönes und Außergewöhnliches für sich findet, wo es kaum so etwas gibt. Ein Joghurt mit dem MHD des heutigen Tages, Apfel-Zimt-Geschmack. So werde ich mich wenigstens mehr freuen, sagt er und versucht sich selbst davon zu überzeugen, dass der Joghurt mit dem flauen Geschmack prima und gesund ist und er ihn sich so sehr gewünscht hatte, und wenn er zwei Drittel davon gegessen hat, dann löffelt er sich auch noch zum Schatz auf dem Boden hin. Die Zauberformel – so werde ich mich wenigstens mehr freuen – funktioniert mitunter, wie auch andere Formeln, die schon im zarten Alter seine natürlichen Instinkte und die Entschlossenheit bremsen und die ich ihm beigebracht habe, um aus ihm einen Optimisten voller Geduld und Demut zu machen.

Auf dem Boden des Bechers erwartet ihn etwas gelb Gesprenkeltes, das ihm nicht schmeckt, und die Enttäuschung, die er durchlebt, ist enorm. Er versucht, sie vor mir zu verbergen, doch sein Kinn zittert, das von Falten durchzogene Gesicht erinnert an irgendeinen Troll, auf der Wange die eintrocknende Marmelade. Ich knie mich zu ihm hin, lecke seinen Finger ab und stecke den in die Zuckerdose. Nimm das, sage ich zu ihm und helfe ihm, mit dem Finger den Mund zu treffen. Eine Weile lang zerdrückt er mit der Zunge den Zucker und blickt mich ruhig und konzentriert an, sein Gesicht berührt beinahe meins, ich spüre noch den Duft der Bettdecke und seiner warmen Träume. Sein Blick streift über mein Gesicht, verharrt einen Moment bei meinen Augen, taucht in sie hinein wie in einen See, in ein Buch, liest in mir, doch er kennt die rechten Buchstaben nicht und so weicht er verwirrt aus und setzt sein Pilgern über die Ebenen der Stirn und der Wangen fort. Danach streicht er mir mit dem Zuckerfinger über die Augen, über die Falten, steckt meine Haare hinters Ohr. »Mama, du bist noch jung, stimmt's? Du stirbst noch nicht«, fallen aus ihm die schweren und kantigen Worte, ein Satz, verklemmt irgendwo zwischen einer Frage und einer Vergewisserung. Gekünstelt lache ich auf, »nein, was denkst du denn ... oh nein! Mein Gott, wie kommst du denn darauf?«

Gestern haben wir Großvater besucht, meinen Vater, der gerade im Sanatorium der Barmherzigen Schwestern im Krankenhausbett liegt. Auf mein Drängen hin haben sie uns beide zu ihm gelassen, nur kurz, denn Kinder unter 15 lassen sie im Interesse des Schutzes ihrer psychischen Gesundheit eigentlich nicht auf diese Station. Die Zombies bleiben vor den Kindern im Schutz von Videospielen verborgen.

Vater stiehlt sich langsam aus dem eigenen Körper. Mit jedem Tag verliert er an Masse, die harten Muskelbatzen, die starken Beine und Arme, die immer zu ihm gehört hatten, hatte der Körper absorbiert, sie verschwanden. Sein Kopf ist wie eine leere Schale, wie ein ausgeblasenes Ei, unter seinem nur noch geringen Gewicht bricht nicht einmal mehr das gestärkte Krankenhauskopfkissen ein. Gestern sagte er kein einziges Wort, gab keinen artikulierten Ton von sich außer den Geräuschen des Körpers, die er nicht mehr beherrschen kann.

Jakub saß auf dem Bett, fuhr sein Auto auf der fast glatten, nur leicht gewellten Oberfläche der Bettdecke entlang. Am Ende des Bettes lugten zwei dünne Beine mit angeschwollenen, deformierten Gelenken unter der Bettdecke hervor. Wenn er in den Armen genügend Kraft zusammennimmt, zieht er die Bettdecke bis hoch ans Kinn, doch die Bettdecke ist kurz, seine kalten Füße ragen hervor. Wenn ihm jemand die Bettdecke über die Beine zieht, ragen wiederum der von Adern durchzogene Hals und seine Schultern hervor. Merkwürdig, seine Größe hat er beibehalten. Er will nicht, dass wir ihn in diesem Zustand sehen, hatte uns die Schwester taktvoll erklärt, deshalb zieht er die Bettdecke immer hoch. »Ich bin seine Tochter, ich habe ihn schon sonstwie gesehen«, sage ich. – »Respektieren Sie es«, hatte sie gesagt. Er ist hilflos. Windeln, die Galle, die Haut, die nichts zusammenhält.

Das stille und verlangsamte Umfeld der Nachbehandlungsstation, die Gerüche und der Gang voller halboffener Türen verunsicherten den Jungen. Er lief still neben mir, fragte nichts. Er wusste nicht, wohin er sich setzen, was er sagen, wie er sich verhalten sollte, drückte sich nur an mein Bein. Er ist empfindsam, man musste ihm nicht sagen, dass sich hinter einigen dieser halbgeöffneten Türen der Tod aufhielt, vielleicht wartete er schon im Nebenzimmer, und da die Türen hier nicht geschlossen wurden, konnte er sich frei bewegen, wenn er es für angebracht hielt. Ich setzte den Jungen aufs Bett, gab ihm ein Auto in die Hand, damit er etwas Vertrautes bei sich hatte. Eine Weile lang warteten wir nur still. Der Junge betrachtete den Großvater mit einem forschenden Blick, er war in diesem Moment für ihn eher ein ungewöhnliches Objekt, vor dem er sich fürchtete, als sein Großvater. Er schaute, wie er aussah, beobachtete, wie er atmete, wie er heisere Geräusche von sich gab. Das ist Großvater? Fragte sein Blick. Ich sah es ihm an, dass er gern etwas berühren würde, zum Beispiel den gelblichen Daumen, der unter der Bettdecke hervorragte, um festzustellen, wie es sich anfühlte. Er wusste nicht, ob er das kann, ob man das darf. »Gib Großvater die Hand, wenn du magst«, sagte ich zu ihm. Doch Großvater hatte seine Hände in die Bettdecke verkrallt, unter dem Kinn ragten acht krumme Stöckchen hervor und Jakub wusste nicht, wie man eine Hand halten sollte, die sich einem nicht selbst entgegenstreckte. Er würde gern, doch Großvater half ihm nicht. Helft ihr mir, sagte der gekrümmte Körper, macht etwas mit mir, ich bin krank, krank und gedemütigt.

Jakub fuhr also mit den Fingerspitzen über die kleinen Buckel der Gelenke, mit dem Handrücken berührte er dabei das Kinn und ein stacheliges Stoppelfeld. Es sollte ein Streicheln sein, doch die Materie, die er berührte, war eigenartig – harte, kalte, raue kleine Steine, in einer Reihe nebeneinandergelegt – er zog seine Hand gleich wieder von Großvaters Hand zurück und zeigte sich schuldbewusst. Als ob er in der Vitrine eines Museums einen Meteoriten berührt hätte, Material aus der tiefen und weit entfernten Vergangenheit.

Vater zerfällt mir vor meinen Augen – äußerlich und innerlich. Sein Gedächtnis ist zerfranst, sein Körper scheidet wie eine trockene Pflaume die letzten Tropfen Saft aus, scheidet sie nur noch aus. Alles, was er aufnimmt, fließt unter Druck in ihn hinein, durch Schläuche aus an Ständern hängenden Flaschen. Der Körper wehrt sich nicht, hilft aber auch nicht. Er liegt leicht geneigt da und so fließt alles in ihn hinein. Das Obst und die Kekse, die ich ihm sonst immer gebracht hatte, da es hier üblich ist, sind schon längst vom Nachttisch beim Bett verschwunden. Vaters Augen sind entseelt und leer, sie haben sich buchstäblich von einem Tag auf den anderen verändert. Ich weiß nicht, ob er mich hört, ob er mich wahrnimmt und wie seine Gedankengänge sind, ob sie sich ebenso wie der Körper verlangsamt haben und zusammengeschrumpft sind.

Vor knapp einem Vierteljahr war er im Hof gefallen und mit seinem Kopf auf den gusseisernen Rahmen der Kreissäge aufgeschlagen, etliche zerhackte Holzscheite waren ihm auf den Brustkorb gefallen. Er war eine Zeit lang bewusstlos gewesen und es war niemand zu Hause, der ihm hätte helfen können. So hatte er dort einige Stunden gelegen, bis ein Nachbar auf den Hof kam und den Rettungswagen rief. Der Nachbar schnitt dann das Geflecht zwischen seinem und unserem Garten durch, damit sie ihn durch das Nachbargrundstück zum Rettungswagen tragen konnten. Unser Haus war – wer weiß warum – abgeschlossen. Jetzt kümmerten sich schon einen Monat lang die liebenswerten Schwestern im Sanatorium um ihn, die zwei Monate davor hatte er auf verschiedenen Stationen im Krankhaus gelegen. Auf diesen verschiedenen Stationen hatten sie nach und nach festgestellt, dass er Magengeschwüre, Anämie und noch eine Lungenentzündung ohne Symptome hatte. Dazu noch den verletzten Kopf und einen kleinen Hirnschlag. Das klingt leicht und locker. Ein kleiner Hirnschlag am Sonntag, danach wurden die Reste, die noch gerettet werden konnten, zu einem Haufen zusammengekehrt, behelfsmäßig zusammengeklebt und an einem sichereren Ort abgelegt.

Dieser kleine Hirnschlag hatte auch mich getroffen. Ich kann mir nur noch mit großer Mühe sein Gesicht von früher wieder in Erinnerung rufen. Jetzt sehe ich ihn schwach, unter dem Krankenhausbettzeug ausgestreckt, ich sehe nur seine Konturen und seine Haare, die gelblich geworden waren. Ich wollte Fotos anschauen, um den Vater von früher wieder vor Augen zu haben, doch aus den letzten dreißig Jahren fand ich keine, nur zwei, drei ganz kleine Passbilder seines starren Gesichts, eingeschmolzen in den Folien irgendwelcher Dokumente. Ich fand einige Bilder vom Militärdienst, einige Gruppenfotos vor irgendeiner Höhle, unterhalb der Tatra, neben einem Panzer nach einem Militärmanöver, doch in dem Haufen von Gesichtern kann ich ihn nicht identifizieren. Ještěd, vier Männer in Jacken mit Pelzkrägen vor dem spitzen raumschiffartigen Turm in Nordböhmen, einer der Köpfe ist umkreist, doch ich weiß nicht, ob Vater einen Kreis um den Kopf eines anderen gemalt hatte oder jemand anderes einen um seinen Kopf, sie ähneln einander wie Brüder.

Wir haben weder gemeinsame Freunde noch Familie, so kann ich auch niemanden fragen. Wir haben kein einziges gemeinsames Foto. Auf allen sind nur Jakub oder ich abgebildet, auf manchen wir beide, schief mit dem Selbstauslöser fotografiert, mit abgeschnittenen Beinen, oder der obere Teil des Kopfes fehlt, im Album oder auf der Computerfestplatte in nach Monaten und Jahren unterteilten Ordnern, zu jedem Foto eine Beschreibung. Mein Vater nirgendwo. Vielleicht haben ihm bei seiner Geburt gute Feen einen Schutzschild angebracht, der alle Blitze und jegliches Leuchten abblockt, und vielleicht ist Vater deshalb eine uneinnehmbare Festung.

5

Das Kleid lag wie ein aufgeplusterter Haufen Zuckerwatte auf dem Tisch, provokativ und spöttisch. Es spiegelte sich sowohl im dunklen gardinenlosen Fenster als auch im Wasserglas, aus dem Anička nippte, um das Spiegelbild wegzutreiben. Sie saß am Tisch, starrte das Kleid an und versuchte, den Strom verwirrter Gedanken zu regulieren. Das Kleid hatte sie schon gründlich angeschaut, so zog sie die Blechschachtel mit dem Nähzeug aus der Kredenz, fand auch ein Nähgarn ähnlicher Farbe, dazu eine Nadel, die Schere. Sie hatte noch nie richtig genäht und wusste anfangs nicht, in welcher Hand sie den zerrissenen Ärmel und in welcher sie das Garn halten, von welcher Seite sie die Stiche machen sollte, damit sie nicht zu sehen waren. Wie sehr sie sich auch bemühte, die Stiche waren immer zu groß und man konnte sie sehen. Sie hatte Angst, ein noch größeres Loch zu machen oder aus Versehen auch den Rock an den Ärmel zu nähen oder den Ärmel an die Tischdecke oder sogar an die eigene Trainingshose. Ihr fiel ein, dass sie bei den Nachbarn klopfen und die Tante um Hilfe bitten könnte, doch was, wenn die Tante es verraten würde? Die Nachbarstante wühlte immer im Garten herum, in der Erde, sie setzte Pflanzen von einem Ort an den anderen um, bis sie die richtige Stelle dafür gefunden hatten, beschnitt Büsche, trocknete Kräuter, und ihre Hände waren braun von der Erde und fleckig von der Sonne. Sie könnte das Kleid schmutzig machen. Anička musste das ohne Hilfe schaffen. Sie trennte den Ärmel mit der spitzen Maniküreschere wieder auf, zog alle zerschnittenen Fäden heraus, fädelte einen neuen Faden in die Nadel und begann mit dem Nähen. In diesem Moment rasselte der Schlüssel im Haustürschloss.

»Anička?«, meldete sich von draußen eine Stimme, doch niemand kam herein. Aničkas Herz schlug irgendwo im Hals, im Kopf. Das war die Stimme der Nachbarin, kratzig, als wäre ihr Hals mit Gartenerde verschmiert. Sollte Anička zu ihr gehen? Anička steckte in Panik das Kleid wieder in den Beutel, dann den Beutel unter den Tisch, sie stellte die Kiste mit dem Nähzeug schnell ins Waschbecken.

»Anička, schläfst du denn noch nicht?«, rief die Tante von der Eingangstür laut wie immer. Ein Strom kalter Luft brachte von draußen etwas Fremdes herein. »Ich mache noch Hausaufgaben«, rief Anička zurück und eilte durch die Küchentür in den Flur. »Alles klar hier, Tante.«

»Geh schon schlafen, es ist spät«, sagte die Tante etwas ruhiger, die Tür knarrte, schlug aber nicht zu. »Mach ich schon ... keine Sorge ... bin schon im Schlafanzug«, antwortete Anička und kehrte in die Küche zurück.

Die Tante stand noch eine Weile in der Tür. »Bist du nicht hungrig?«, fragte sie letztendlich zögernd. »Nein, Tante, ich habe gegessen, Papa hat mir etwas vorbereitet«, schwindelte sie und setzte sich wieder an den Küchentisch, der Stuhl knarrte. »Schau zum Fenster hinaus, auf dem Parkplatz steht ein Reh, es hat sich verirrt. Und dann geh schlafen, bleib nicht mehr auf. Also gute Nacht.«

»Nacht, Tante«, rief sie, wartete, bis die Tante die Tür zugemacht und mit dem Ersatzschlüssel abgeschlossen hatte. Dann zog sie den Gardinensaum vom Küchenfenster zur Seite und schaute auf die Straße. Zum Haus gelangte man über eine große, langsam zerbröckelnde Betonfläche, auf der mitunter Reisebusse wendeten und parkten, und Fahrschüler übten dort das Fahren. Die Fläche war ursprünglich der Parkplatz des Sommerkinos gewesen, doch das Kino war schon lange nicht mehr in Betrieb und das Gelände wurde langsam von der Vegetation aufgefressen. Manchmal konnte man aus dem Fenster sehen, wie irgendwelche Leute über die Kinomauer kletterten, und wenn es windig war, dann knallten die großen Blechtore, die sich aus den Angeln gelöst hatten, aneinander. Vom Fenster aus konnte man auch noch einen Teil des weißen Rechtecks der Projektionswand und hölzerne Bänke sehen, doch die einzigen beweglichen Bilder waren meist die Schatten der Pappeln, die das Gelände umgaben.

In der Ecke des Parkplatzes, zwischen angehäuften Abfällen, die sich bei Wind an ausgetrockneten Disteln festhielten, stand ein mächtiges Reh, das verwirrt mit den Hufen scharrte. Es trat zwei Schritte nach vorn, zeigte sich im Kegel der Straßenlampe, dann machte es wieder zwei Schritte zurück, stieß an ein Blechtor, schreckte auf, stieß gegen die Wand, prustete wie ein Pferd und ging wieder zwei Schritte nach vorn. Unter seinen Hufen flog ein Stein weg, im Lichtkegel leuchtete dieser auf wie Konfetti. Dann schaute das Reh konzentriert auf einen Fixpunkt in der Ferne und drehte beide Ohren wie Radarempfänger in eine Richtung. Auf der Straße hinter dem Haus fuhr ein Auto vorbei, bei den Tempoblockerschwellen auf der Fahrbahn wurde es langsam, doch dann gab es plötzlich wieder Gas, einige Sekunden später war die Straße wieder still. Das Reh legte seine Beine unter sich und wälzte sich in die dunkle Ecke hinein. Als es sich lange nicht mehr bewegt hatte und sich nichts anderes auf dem Parkplatz mehr tat, zog Anička wieder den Beutel unter dem Tisch hervor und nähte ihren zu reparierenden Ärmel fertig. Sie plagte sich mit dem viel zu kurzen Faden, an dem sich kein Knoten binden ließ, und auch mit der Schere, deren stumpfe Klingen es nicht schafften, den Faden ordentlich durchzuschneiden. Mit einem feuchten Lappen strich sie dann über die am Saum der Ärmel und am Taillenband aufgenähten Flitter. Sie säuberte die Fäden, nahm das Kleid mit in ihr Zimmer, wo man die Vorhänge zuziehen konnte, und schaltete in der Küche das Licht aus, damit die Tante sah, dass sie schon schlafen gegangen war. Das Reh war inzwischen vom Parkplatz verschwunden.

Im Zimmer zog sie die Hose und den Pullover aus und zog das Kleid über das weiße Baumwollunterhemd. Sie stellte sich in die Mitte des Zimmers, richtete die Nähte, schob die noch zu sehenden Ränder des Unterhemds unters Kleid, richtete das Band aus lilafarbenem Flitter und glättete den aufgebauschten Rock. Ihre Fingerspitzen reichten genau bis zum unteren Rand der obersten Schicht des Röckchens.

Das Haus war dunkel und still, stiller als gewöhnlich. Vielleicht, weil es schon fast zehn Uhr abends war, die Straße war leer, das Radio ausgeschalten, sie sollte schon längst schlafen. Vielleicht auch, weil ihr Herz in diesem Moment lauter und schneller schlug, so laut, dass es schien, als ob ihr ganzes zauberhaftes Organ so hart war wie der Klöppel* der Glocke am Kirchturm, es hing im schmalen Flur und dort draußen, außerhalb ihres Körpers, schwang es von einer Seite auf die andere und schlug an die Wände, bis die Wände platzen und die Risse ihre Ranken durchs ganze Haus zogen. Sie horchte ins Haus hinein. Das Haus sprach zu ihr, die harten Teile krachten, die weichen bauschten sich auf und wispelten.

War das immer noch das Haus, das ihr Papa mit seinen eigenen Händen und seinen eigenen Ideen gebaut hatte, ein graues unauffälliges Gebäude, in dem für zwei Leute viel Platz war, wo es aber nur wenige Gegenstände gab und davon

---

* Der Glockenklöppel wird im Slowakischen *Herz* genannt.

nur einige, von denen man sagen konnte, dass sie schön waren, was für sie hieß, dass sie diese gerne anschaute und sie gegen nichts tauschen würde? Fühlte sie sich in diesem Gebäude zu Hause? War es nur ein unpersönlicher, abgenutzter Bahnsteig, von dem sie irgendwann in ein ganz anderes Haus, das am Ende einer anderen Welt stand, gelangen würde? Was war das, diese andere Welt, von der ihr ständig irgendetwas durch den Kopf schwirrte? Falls sie sich dieser anderen Welt irgendwann nähern würde (vielleicht schon bald), würde es die richtige Welt sein? Würde es wirklich die »andere« sein oder wieder nur ein weiterer Umsteigebahnhof? Und wie viele Umsteigebahnhöfe warteten auf sie, wer konnte ihr das sagen? Wer bereitete sie auf diese Reise vor? Wo war Papa?

Und wer war sie? War sie immer noch die Anička, die vorhin, als sich ihr Herz noch im Inneren ihres Körpers befand, unter einem Pullover einer undefinierbaren Farbe verborgen war? War sie eine andere Anička aus einer anderen Welt, wo sie anders gekleidet war? Den Pullover hatte sie sich nicht gewünscht und ihn auch nicht ausgesucht, sie wusste nicht, aus welchem Laden er stammte und wer ihn vor ihr getragen hatte, er war plötzlich dagewesen, hatte seit jeher in ihrem Schrank gelegen, als ob sie ihn schon bei der Geburt zusammen mit ihrer Haut und den Haaren bekommen hatte und als ob es ihr auferlegt war, ihn bis zum Ende der Welt zu tragen, ebenso wie es ihr auferlegt war, in diesem Haus zu leben, in dieser Welt mit diesem Papa, einzig mit ihm. Cordhosen (halten lange), ein dunkler Pullover (wird nicht schmutzig), zwei Nummern zu groß (wird dich zwei, drei Jahre warmhalten), ein T-Shirt, Socken, eine Jacke, Kleidung, die sie gehorsam trug, obwohl sie manchmal, ganz tief innen drin, still und geduldig auf andere Kleidung wartete. Auf rosafarbene, auf hellblaue mit kleinen Blümchen, mit Stickerei, mit einem hübschen Gürtel oder mit einem Perlmuttknopf. Papa gab sich jedoch hinsichtlich der Mädchenangelegenheiten linkisch und unwillig. Oder er tat so, als ob die Aufteilung der Kleidung in Mädchen- und Jungssachen eine überflüssige dumme Marotte war, als ob er Mädchensachen gar nicht identifizieren konnte, als ob diese also gar nicht existierten. Somit hatte sie weder Kleidung mit Blümchen noch welche mit Pünktchen und auch keinen Perlmuttknopf.

Das leichte Kleid tragend, ging sie barfuß und mit vor Angst zugeschnürtem Hals durchs Haus, stellte sich im Flur vor den Spiegel und sah sich lange an. Sie wickelte ihre Haare zu einem Knoten, hielt ihn mit der Handfläche an den Kopf, drehte sich und sah sich von der Seite an, dann ließ sie die Haare wieder los, schüttelte den Kopf, sah sich von der anderen Seite an, von hinten, von vorn, hob das Bein zur Seite hoch, damit sich der Rock wie ein Fächer ausbreitete, und konnte durch den dünnen Stoff hindurch die Umrisse ihrer Beine erkennen. So hatte sie sich selbst noch nie gesehen. War das wirklich das Kind, das man mit einem Jungen verwechselte, da es an ihm außer der Haarlänge nichts Mädchenhaftes gab? Sie überlegte, dass so ähnlich die Änderung des Aggregatzustands verlief, die sie im Sachunterricht gelernt hatten. Das Wasser – wie schmutzig und übelriechend es auch immer sein mochte – konnte unter bestimmten Bedingungen zu einem leichten weißen Dampf werden und dieser wiederum konnte sich unter bestimmten Bedingungen in Kondenstropfen niederschlagen. Es war jedoch immer noch das gleiche schmutzige Wasser – oder verschwand der Schmutz im Umwandlungsprozess für immer? So ähnlich verlief auch die Verwandlung der hässlichen und unauffälligen Nymphe, die eines Tages auf einen Schilfhalm kroch und sich dort zu ihrer ganzen funkelnden Schönheit entfaltete, sie verwandelte sich in eine Libelle, transformierte sich komplett außen und innen. Die Naturwissenschaft ist voller solcher Verwandlungen, doch kann auch eine Drittklässlerin der Grundschule eine solche durchlaufen? Und unter welchen Umständen?

Sie streifte die Ärmel hoch und strich mit den Fingern über ihre Unterarme, über die vor Kälte und Aufregung hochstehenden Härchen. Sie drehte die Arme um, die Handflächen nach oben, streckte die Finger, betrachtete die blauen Adern, die über ihre Unterarme verliefen wie das Delta eines großen Flusses. Ihr schien, dass es noch mehr waren als sonst und dass sie voller, dass sie angespannter waren und pulsierten. Anička beugte sich zum Spiegel hin, sah sich in die Augen.

Wenn man sich bei schwachem Licht lange im Spiegel in die eigenen Augen schaut, beginnt das Gesicht sich nach einer Weile zu verändern, es verschwimmt, es löst sich auf, und nach ein paar Minuten erscheint dort das Gesicht einer anderen Person, gut sichtbar, doch ein fremdes, unbekanntes Gesicht. Niemand weiß, ob es das Gesicht aus einem vorherigen Leben ist, ob es das Gesicht eines Vorfahren oder noch ungeborener Kinder ist, doch meist ist es sogar beängstigend überzeugend und wirklich. Als ihr Gesicht im Spiegel nach kurzer Zeit beginnt aufzublühen und rot zu werden, erschrickt sie und springt zurück. Sie war überzeugt, dass sie sich auch innen verändert hatte – in ihrem Körper hatten sich die Organe verschoben, wirre und gedrosselte Adern hatten sich entwirrt. Die Form der Knochen und die Konsistenz des Blutes hatten sich verändert und sie war plötzlich eine ganz andere Person. Ein Mädchen im Organzakleid, ein Kleid, das einmalig und zauberhaft war, denn es machte aus dem Vagen etwas Genaues, aus dem Hässlichen etwas Schönes, aus dem Grauen etwas Farbiges und aus dem Wirklichen etwas Zauberhaftes. Oder sogar eine Frau, mit deren Körper man behutsamer umgehen musste, genauso wie mit einem Organzarock. Der Körper einer Frau war schließlich empfindlicher und runder, auf die Rundungen musste man mehr achten, man konnte sie nicht einfach ohne Erlaubnis berühren, sie nicht einfach kneifen, sie nicht einfach kitzeln, sie nicht einfach enthüllen, man musste taktvoll von ihnen sprechen.

Sie ging in Papas Zimmer, zog die Decke auf seinem Bett zurecht, und die Vorhänge, nahm den Teller mit dem nicht aufgegessenen Hörnchen, der auf dem Boden neben dem Bett stand, und ging wieder hinunter in die Küche. Sie knipste nur eine Taschenlampe an, damit sie die Nachbarin nicht mit Licht auf sich aufmerksam machte, nahm das Manuskript mit dem Theaterstück, ging ihren ganzen Text durch, obwohl sie ihn fehlerfrei auswendig konnte. Sie tat das alles nur, um noch nicht schlafen gehen und das Kleid noch nicht ausziehen zu müssen. Das Kleid raschelte bei jeder Bewegung, als ob es sie an seine Gegenwart erinnern und ihr danken wollte. Doch selbst, wenn es still am Bügel außerhalb ihres Blickfeldes hinge, würde sie an nichts anderes denken als nur an diese Rolle ihres Lebens. Morgen Abend wird sich alles ändern.

Kurz vor Mitternacht wachte sie mit dem Kopf auf dem Küchentisch liegend von einem Geräusch an der Haustür auf. Sie kam sehr schnell zu sich, als sie merkte, dass sie immer noch das rosa Kleid trug und eigentlich längst im Bett sein sollte. Sie nahm das Manuskript, sauste in ihr Zimmer, schloss die Tür hinter sich und huschte angezogen ins Bett. Sie deckte sich mit der Bettdecke zu und drehte sich mit dem

Rücken zur Tür. Ihr Herz klopfte im Brustkorb, im Hals, in ihrem ganzen Kopf, und sie dachte, dass Papa dieses Klopfen noch durch drei Wände hören musste, dass das Klopfen sich wie seismische Wellen im Haus ausbreitete und bis in die Betonfundamente eindrang. Sie zählte bis zehn, hörte auf zu atmen und lauschte. Die Haustür schloss nicht richtig, und als Papa sich an sie drückte, bewegten sich auch die anderen Türen im Haus. Auch er sandte seismische Wellen aus, unregelmäßige, doch umso stärkere. Der Schlüssel rasselte wieder. Papa bekam ihn nicht richtig ins Schloss.

In Aničkas Kopf fing eine kleine Maschine voller Vorahnungen und Ängste auf Hochtouren an zu arbeiten, ihr Herz kam wieder in Bewegung. Papa drückte sich noch einmal mit seinem ganzen Gewicht gegen die Tür, fluchte, glitt dann wahrscheinlich auf den Boden, für eine Zeit lang war es ganz still. Dann ging von der Tür wieder eine seismische Welle aus, da war der Schlüssel, und dann eine tiefe Furche im Holz gleich neben dem Türrahmen. Anička schloss fest die Augen, alle Tränen rannen wieder nach innen zurück.

Auf dem Weg in sein Zimmer gab Papa ein lautes Husten und unverständliches Murmeln von sich. Er stieß die Schuhe auf dem Flur herum, etwas fiel vom Garderobehaken herunter. Er rammte gegen die Küchentür, die Anička in der Eile nicht hinter sich geschlossen hatte. »Verdammt noch mal!«, fluchte er etwas lauter und klarer und knallte die Tür zu. Die nächste Tür, an der er vorbeikam, war die Tür zu Aničkas Zimmer. Er machte dort Halt, legte die Hand auf die Klinke. Anička öffnete die Augen, fand zwischen Bett und Wand vor sich eine kleine Nische und quetschte sich hinein, den zusammengerafften Rock verdeckte sie mit der Hand und füllte den Eingang mit ihrem Rücken wie eine Sandwespe ihr Nestloch. Papa blieb vor der Tür stehen, und ihr kam in diesem Moment in dem sicheren Versteck in den Sinn, dass ihm vielleicht kalt war und dass er Kopfschmerzen hatte, und er tat ihr leid. Sein Pilgern über den Flur und der Aufstieg in den ersten Stock schienen unendlich langsam und mühsam zu sein. Schließlich hörte sie, wie er sich auf sein Bett wälzte und sich dann nicht mehr rührte, sie wagte immer noch keine Bewegung, blieb schließlich nur zusammengerollt unter der Bettdecke liegen und schlief so auch ein.

6

Seit einigen Monaten sitze ich mehrmals pro Woche auf Vaters Bett in irgendeiner medizinischen Einrichtung und stelle ihm Fragen, doch kein Ton kommt aus mir heraus. Jede dieser Fragen unterteilt sich still in zwei weitere Fragen, jede dieser beiden wiederum in zwei, so wie die Zellen, aus denen ein Mensch entsteht, nach kurzer Zeit sind es Millionen. Sie könnten Papas nicht funktionierende Organe ersetzen und seine Löcher im Gehirn flicken. Ich speie eine endlose Anzahl stummer Fragen aus, deren Vermehrung eine einzige ausgesprochene Frage stoppen könnte, denn ohne eine Frage gibt es keine Antwort.

Mitunter sitze ich allein am Tisch, auf einer Bank oder im Bett zu Hause und konzentriere mich auf Vater, ich versuche, in der Zeit zurückzugehen, doch je länger Papa hilflos in diesen unpersönlichen staatlichen Einrichtungen liegt, umso schwerer wird es. Mir fehlen die Worte und Gespräche, die unsere beiden Leben zusammenhalten würden, und der Raum, den wir jetzt für ein paar Minuten täglich während der Besuche teilen, hilft uns nicht beim Erinnern. Ich habe mir sehr klare Bilder aus der Vergangenheit aufbewahrt, doch fast keine konkreten Worte. Ich erinnere mich an Details von Gesichtern und an sich öffnende Münder, leere bodenlose Löcher – an meine, an seine, an die der Leute, die um uns herumstreiften – doch ich erinnere mich nicht an den Inhalt der Gespräche. Aus den aufgesammelten Überresten könnte ich nur eine verdünnte unzuverlässige Kompilation zusammenstückeln, doch was dann damit? Wohin sollte ich die ausschütten, was damit füllen?

Mitunter krümme ich mich im Selbstmitleid zusammen, Vater, ich als Mama, mein Sohn und all die Leute, denen ich auf der Arbeit zuhören muss, sie springen mir auf den Rücken, einer klammert sich am anderen fest, ich weiß nicht mehr, wer mich am Hals krallt, wer mich an den Haaren zieht, wer mich an den Ohren festhält und wessen Beine in meine Rippen stoßen. Die Knie knicken mir ein, die Erde wackelt. Der Boden unter mir sackt ab, ich habe nichts zum Festhalten, alle um mich herum brauchen Hilfe, Vater braucht Hilfe und mein Sohn ist noch so klein, dass ich ihm bei den allereinfachsten Dingen helfen muss. Ich muss ihm helfen zu lernen, die Spucke so auszuspucken, dass sie nicht auf seinem Hemd landet. Er muss lernen, die Konsonanten richtig auszusprechen, seine Schnürsenkel zuzubinden und herauszufinden, auf welcher Seite sein Herz ist.

Jede Konsultation auf der Arbeit beginnt mit den Worten: »Helfen Sie mir!« Und wir sind dazu da, zu helfen. »Ich habe meine Wohnung verloren, helfen Sie mir.« – »Meine Familie hat mich bestohlen, helfen Sie mir.« – »Das Gericht hat mir hohe Unterhaltszahlungen auferlegt, ich brauche dabei Hilfe.« – »Sie können mir nicht helfen? Wozu sind Sie denn dann da? Wofür kriegen Sie Ihre Kohle?« Der Gerichtsentscheid wird auf den Tisch geknallt und der Stuhl bekommt einen Tritt.

Am Abend schreie ich dann den Jungen an, er ist ja zur Hand. »Schon wieder! Warum hast du schon wieder nicht aufgepasst und es verschüttet! Überleg doch mal! Konzentriere dich!«, fauche ich und der Junge dreht in diesem Chaos den Kopf zur Seite, als ob er einer Ohrfeige ausweichen wolle. Ich habe ihm nie eine runtergehauen, woher kennt er denn diese Bewegung? Ich bin betroffen und schäme ich. Dann weint er, er ist durcheinander, als er neulich etwas verschüttet hatte, hatte ich ihn gestreichelt und ihm gesagt, es sei nicht schlimm, und ich hatte wortlos ein Geschirrtuch genommen und es zwischen die Tischdecke und die Tischplatte geschoben.

Wenn ich schreie, richten sich meine Beine gerade, mein Herz schlägt schneller und ich kann weitermarschieren.

»Du hast Falten«, sagt jetzt mein Sohn zu mir und er tut besorgt. Den Joghurt hat er enttäuscht an den Rand des Tisches gestellt, den Löffel ins Spülbecken gelegt und jetzt zieht er an der Ecke der Tischdecke. »Mama, du bist doch noch jung, oder? Du stirbst noch nicht ...«, sagt er. Ich versuche, seinen Gedankengängen zu folgen, vom ersten Satz an. Ich habe Falten, bin ich schon alt? Bin ich schon so alt, um zu sterben? Alte Leute sterben. Großvater stirbt gerade und er hat Falten. Hat Großvater deshalb Falten, weil er stirbt? Was ist wessen Ursache? Ich lache auf, doch nur, um ihn nicht zu beunruhigen, der Junge braucht eine Antwort, genauso wie den Schlaf am Ende des Tages. Ich lache bemüht laut auf. »Nein, was denkst du – natürlich nicht! Mein Gott, worüber denkst du denn nach?«

Vor einigen Tagen hatte es in dem feuchten Novembergrau plötzlich aufgehört zu regnen und die Sonne hatte geschienen, sie hatte sich aus den Wolken herausgeschält und war so immens auf die Fußwege und auch an die Hauswände geprallt, dass die Farbe an den Fensterrahmen platzte. Ich lief die Straße entlang, setzte die Füße vorsichtig zwischen die Konturen der Pfützen, mitunter tauchte ich die Schuhspitze in das trübe Wasser und brachte damit auf der Wasseroberfläche ein paar Kreise hervor. Ich faltete den Regenschirm zusammen und blieb eine Weile unter der Tür eines jener Häuser stehen, die eins ans andere geklebt die Straße säumten und aus ihr einen langen kurvenreichen Korridor mit einer Treppe am einen Ende und einer vierspurigen Straße am anderen Ende geformt hatten. Aus der Regenrinne, noch voller Laub vom letzten Jahr und voller kleiner Dachziegelstücke, tropfte das Wasser, und aus den Regenrohren, die auf dem Fußweg endeten, sprudelten enorme Wasserströme. Ich stand an die Wand gelehnt und hörte zu, wie das Wasser in den Rohren rumorte.

In einem Fenster des gegenüberliegenden Hauses bewegte sich plötzlich die Gardine, hinter dem Glas bewegte sich eine Hand, das Fenster wurde geöffnet. Unten auf der Straße vor dem Fenster erschien ein Mann in hohen Gummistiefeln, weißhaarig, gekrümmt, mit einem eingesunkenen Brustkorb. Ich hatte nicht bemerkt, aus welcher Richtung er gekommen war. Er beugte den Kopf nach hinten, schirmte seine Augen ab und sah zu, wie sich eine dünne Schnur mit einer gelben Klammer an deren Ende nach unten bewegte. Am oberen Ende der Schnur reckte sich eine Frau aus dem Fenster, eine alte Frau, die älteste Frau der Welt, knochig, langsam, grau wie alle Tage am Übergang vom Herbst zum Winter. Sie lehnte sich aus dem Fenster, sagte etwas, der Mann lachte, er fuchtelte einige Male unbeholfen in der Luft herum und griff mit den Fingern ins Leere, schließlich fing er das Ende der Schnur und klemmte eine Zeitung in die Klammer. Die graue Frau zog die Zeitung zu sich hinauf. Das dauerte eine Ewigkeit, die Zeitung bahnte sich millimeterweise den Weg durch die schwere Luft. Dann beugte sich die Frau heraus, so weit das ihr Körper zuließ, streckte ihre Arme hinaus, die Ellbogen konnte sie nicht mehr recht bewegen, so blieben die Arme lange hilflos oben über der Straße hängen. Die beiden wechselten ein paar Worte, die ich nicht verstand. Beide lachten. Die Frau zog dann mit Mühe die Arme nach drinnen, schloss das Fenster, zog die Gardine vor. Der Mann schritt die Straße hinauf in Richtung der Stufen, geradewegs durch die Pfützen, und er blickte sich dabei nicht einmal um.

Ich zeichne Jakub ein Diagramm. »Was ist denn ein Diagramm?« – »Ein Diagramm ist eine Zeichnung, mit deren Hilfe man etwas erkennen kann, was sich schlecht mit Wörtern beschreiben lässt. Schau mal.« Ich zeichne eine gerade Linie, doch der Füller schreibt schließlich nicht mehr und ich muss die Linie zweimal nachziehen. »Stell dir vor, diese Linie ist unser Leben.« – »*Unser* Leben?« Jakub betont die Frage etwas merkwürdig, runzelt die Stirn und verzieht das Gesicht, als er merkt, dass das, was er gerade gesagt hatte, auch witzig sein könnte. »Meins *und* auch deins?« Diese Frage wirft zwei weitere auf und jede von denen bringt wiederum eine neue hervor. »Sagen wir mal, nur deins.« Punkt. »Dieser Punkt hier, da wurdest du geboren.« Punkt. »Dieser Punkt hier, da bist du gestorben. Das heißt, du wirst sterben.« – »Ich werde auch sterben?« – »Ja, du auch.« – »Wann denn?« – »Wenn du ans Ende dieser Linie kommst.« – Wie lang ist die?«

»Also gut, ich zeichne dir das besser anders.« Eine zweite Linie, dreimal nachgezogen, das Papier zerknautscht, denn der Füller schreibt fast gar nicht mehr. »Scheiße!« – »Mami!« Er schaut mich vorwurfsvoll an, denn ich ermahne ihn für jedes schlechte Wort. »Entschuldige, Minuspunkt für mich.« Ich habe schon vier, beim fünften muss ich einen Euro in seine Sparbüchse werfen. Die Minuspunkte schreibe ich auf eine am Kühlschrank befestigte Tafel.

»Schau mal hier. Das ist die Linie deines Großvaters.« – »Die von dem im Krankenhaus?« – »Ja, die von dem, der im Krankenhaus liegt.« Du hast keinen anderen, was soll diese Frage, denke ich verbittert. »Dieser Punkt hier, da wurde

Großvater geboren, vor dreiundsechzig Jahren.« Das ist eigentlich noch nicht so lange her, fällt mir auf. »Stell dir dreiundsechzig kleine Striche vor, jeder Strich ist ein ganzes Jahr. Das ist lang. Von Weihnachten bis Weihnachten, kannst du dir vorstellen, was für eine lange Zeit das ist?« – »Frühling, Sommer, Herbst und Winter«, sagt mein Sohn. »Genau. Und dieser zweite Punkt, da stirbt er. Oder hier. Oder vielleicht hier. Jetzt ist er irgendwo hier.« – »Mama, das ist gleich neben dem anderen Punkt vom Sterben.« – »Ja, das sieht so aus. Und du bist erst hier am Anfang, sechs Striche und ein bisschen. Das also ist ein Diagramm. Verstehst du?«

»Und wo ist hier dein Tod?«

Meine Güte! Was soll ich darauf antworten? »Ich bin irgendwo in der Mitte, mein Lieber.« Ich zeichne meine Linie ins Diagramm, zwischen den siebten Geburtstag meines Sohnes und Großvaters Tod, pikse aus Versehen ein Loch ins Papier, der Füller bleibt im blöden zerrissenen Papierzellstoff hängen. Ich knülle das Papier zusammen und werfe es in hohem Bogen ins Waschbecken. »Du hättest es mir geben können«, sagt Jakub und tastet im Waschbecken herum. »Wozu?« – »Damit ich weiß, wann ich sterben werde.« – »Das weiß niemand. Denk nicht mehr daran, okay? Du bist noch klein, musst dich damit noch nicht beschäftigen«, sage ich laut zu ihm, doch seine einfachen Sätze sitzen tief und ich weiß nur allzu gut, dass dieses ganze Gespräch noch lange in der kalten Küche in der Luft zwischen uns hängen wird, und die Fragen, die stumm übrigblieben waren zwischen denen, die er geschafft hatte auszusprechen, werden wieder auftauchen und ich werde froh sein, wenn ich dann bei ihm bin.

Als ich ungefähr so alt war wie er, lag ich im Bett in einem Zimmer mit weißen Wänden, über die Wand zogen sich etliche dünne Risse, das neu gebaute Haus setzte sich noch, alle Materialen arbeiteten. Im Rücken hatte ich die kalte, nach Kalk duftende Wand, unter meinen Fingern an der Wand kleine Mulden und die frische, nur millimeterdünne Putzschicht, in die man mit dem Fingernagel eine Ritze kratzen konnte. Ein Auto fuhr langsam am Haus vorbei und ich sah, wie die grellen Scheinwerferstrahlen an der Wand entlangglitten, und dann die Schatten der kleinen Drachenbaumpflanze, die auf dem Fensterbrett stand. Plötzlich tauchte in meinem Kopf ein merkwürdiger Gedanke auf, ungreifbar, unverständlich und sich unangenehm aufdrängend. Es war eher eine Vorstellung als ein Gedanke, die Vorstellung vom Tod. Im Gegensatz zu einem greifbaren Gedanken war dieser porenartig wie ein Schwamm, eher ein lebendiger Organismus als eine leblose Masse. Ich wusste, was Schmerz und auch was eine Krankheit war. Ich hatte Angst erlebt, doch nach einer Krankheit, nach dem Schmerz und auch nach der Angst konnte immer irgendeine Veränderung kommen und die kam auch – nämlich entweder noch größere Angst oder Ruhe und Frieden. Ich hatte das schon erlebt und konnte mich darauf verlassen. Doch dieser bösartige pulsierende Batzen nun war ein Nichts, eine Leere, eine Einsamkeit. Was wird, wenn ich sterbe. Wie werde ich mich fühlen? Werde ich etwas fühlen? Werde ich da sein? Wo werde ich eigentlich sein? Und was ist mit all den Dingen, die ich nicht geschafft habe? Werde ich eine zweite Chance haben? Ein zweites Leben? Ein schlicht unerträglicher Albtraum.

Dieser hartnäckige, sich taktlos aufzwingende Gedanke, verdrängte alle anderen Gedanken, die ich versuchte herbeizurufen. Ich werde über die Schule nachdenken ... Das Nichts! Oder über den Kalk, denn der ist überall zu spüren ...

Die Leere! Darüber, was ich morgen zur Schule anziehe, welches T-Shirt? Bodenloser Abgrund! Und niemand zu Hause, nur ich allein, mit dem Rücken an die kalte Wand meines Kinderzimmers gedrückt und draußen vor dem Fenster Stille und Dunkelheit, nachdem das fremde Auto schon lange weggefahren war. Stille und Dunkelheit – und ich war darin untergegangen, ich war steckengeblieben in etwas, das ich nicht verstehen, nicht sehen, nicht ermessen konnte, denn es war nicht greifbar, hatte weder Form noch Farbe und das ganze Zimmer war damit gefüllt.

Und deshalb habe ich mir gesagt, wenn Jakub danach fragen wird, was nach dem Tod sein wird, dann möchte ich bei ihm sein. Gemeinsam werden wir vielleicht draufkommen, vielleicht hilft er mir, diese Angst einzufangen, die ich selbst habe, so wie er oft schlagfertig Antworten auf andere merkwürdige Fragen herausspuckt.

Doch heute Morgen habe ich auf Fragen dieser Art keine Antwort, ich möchte sie nicht beantworten. »Geh Zähne putzen«, sage ich ihm und er geht gehorsam ins Bad, in seine Gedanken versunken. »Hallo!«, rufe ich ihm hinterher, »die Zähne! Vergiss nicht, was du dort machen sollst, okay?« Ich sehe ihm an, merke es an seinem langsamen Gang und seinem gedankenverlorenen Gesicht, dass in seinem Kopf ein Mechanismus zu tuckern begonnen hat, mit dem er sonst Bilderrätsel löst, und ich weiß, dass er mich in solch einem Moment nicht hört. Er geht in die Richtung, die ich ihm zeige, doch er weiß nicht, warum. Ich gehe hinterher, er steht bei der Wanne, zieht seinen Schlafanzug aus, sein Blick ist verschleiert. »Die Zähne, Jakub! Putz dir die Zähne, und den Schlafanzug lässt du noch an, dir wird sonst kalt.« Ich helfe ihm, gebe ihm die Zahnbürste in die Hand, drücke Zahnpasta drauf, ziehe ihm die Schlafanzughose wieder hoch, an den Waden hat er schon Gänsehaut, der Fußboden ist kalt. Der Junge schrubbt mit der Bürste über die Zähne, weiße Spucke rinnt ihm übers Kinn, er überlegt. »Mami?« Und da ist sie, die nächste Frage.

7

Am Morgen wurde Anička vom Wecker geweckt. Draußen dämmerte es. Doch als sie die Augen öffnete, schoss ihr ein erster Gedanke wie ein Projektil durch den Kopf und eine Beklemmung zog ihren Brustkorb zusammen. Heute würde die Feier in der Schule stattfinden. Die Aufführung, das Kleid, der Abend, alles schon heute Abend, Papa. Sie bewegte sich und merkte, dass ihre Beine unter der Bettdecke nackt waren, anstatt des Schlafanzugs hatte sie immer noch das Theaterkostüm an. Sie ging die Treppe hinauf, schaute in Papas Zimmer. Papa schlief, angezogen, schmuddelig. Sie kehrte in die Küche zurück, nahm den Schlüssel, lief wieder die Treppe hoch, zog die Vorhänge zu, machte die Tür zu und schloss sie ab. Sie blieb vor der Tür stehen, schaute durchs Schlüsselloch hinein und lief wieder hinunter, ging ins Bad. Hinter der Badezimmertür stand ein Wäschekorb, neben dem Korb die Waschmaschine, daneben die Toilette, und zwischen die Waschmaschine und die Toilette waren Kabel und Wasserschläuche hineingezwängt. Die Waschmaschinentrommel war schon voller schmutziger Wäsche, auch auf der Waschmaschine und davor lag Kleidung, etwas Nasses lag im Waschbecken gegenüber. Anička sammelte die ganze restliche Wäsche auf und stopfte sie in die Trommel hinein, schloss diese. Vor der Tür, die durch den Heizungsraum in den Garten führte, schlüpfte sie in Papas auf Knöchelhöhe abgeschnittene Gummistiefel und schlurfte in den Garten, wo auf der Leine zwischen den Birnenbäumen einige saubere Kleidungsstücke von Papa hingen. Auf dem Weg dorthin zertrampelte sie zwei frische Maulwurfshügel. Der Organzarock wellte sich im Morgenwind. Unter dem Birnbaum lagen herabgefallene trockenharte rötliche Blätter und im Baum war zwischen zwei Ästen eine weiche gelbe Frucht eingekeilt. Eine Hose nahm sie ab, dazu noch ein Hemd und einen Pullover. Sie schüttelte ein paar kleine Blätter von ihnen ab, und nahm die Kleidungsstücke mit in den Heizungsraum. Im Heizungsraum stand vor dem Kessel ein Stuhl, sie hängte die feuchten Sachen darüber, damit sie trockneten. Dann ging sie in die Küche, nahm einen Joghurt aus dem Kühlschrank, drehte den Wasserhahn auf und wartete, bis warmes Wasser kam. Sie hielt den Joghurtbecher kurz unter den heißen Wasserstrom.

Dann wurde ihr kalt, so zog sie das Kleid aus und legte es vorsichtig in den Beutel. Sie zog ihre Cordhosen an, einen Pullover und sogar eine Jacke, putzte Zähne, kontrollierte die Wasserhähne und drehte sie fest zu, damit sie nicht tropften, nahm ihre Schultasche, packte die alte Teebüchse mit Schere, Nähgarn und Nadeln hinein, blickte durchs Fenster auf die Straße – durch die Gardine war zu sehen, wie Kinder in Gruppen im Gegenwind zur Schule marschierten –, zog sich die Kapuze über die Stirn, ging hinaus und schloss die Haustür ab. Sie wartete kurz unter dem Vordach, ob sie nicht jemanden aus ihrer Klasse sah, dann rannte sie über den Parkplatz und verschwand in der Menge der Schulkinder mit ihren raschelnden wasserdichten Jacken.

Die Kinder strömten den Hügel hinunter wie ein Krähenschwarm, sie wechselten von einem Grüppchen zum anderen, teilten sich in neue Grüppchen auf, mitunter blieb ein Kind stehen, beugte sich und band die Schnürsenkel zu, mitunter flog ein Beutel mit Hausschuhen herum und landete auf der Straße, in einer Pfütze oder knallte jemandem an den Kopf. Sie liefen nach vorn gebeugt, die Gurte ihrer Schulranzen und Rucksäcke locker, so zogen die schweren Taschen sie nach unten.

Anička strömte mit diesem Schwarm zwar mit, doch sie nahm gar nicht richtig wahr, was um sie herum geschah, sie lief und hüpfte einfach dementsprechend, wie die anderen Kinder trappelten. Unterwegs kamen zu diesem Schwarm immer mehr Grüppchen dazu, ihre Wege flossen zu einem einzigen Strom zusammen. Auf halbem Wege ihrer gewöhnlichen Trasse stoppte Anička jedoch plötzlich und blieb stehen, die Hände tief in ihren Jackentaschen vergraben, die Haare an die Stirn geklebt. Sie sollte umkehren und ihrem Vater noch etwas zu essen machen, fiel ihr ein. Sie konnte ihm einen Zettel mit einer Nachricht neben den Teller legen, damit er sich nicht darüber ärgerte, dass die Tür abgeschlossen war, als er aufwachte. Sie blickte zu den Kindern hin, die den Hügel hinunterliefen – nur Barbora blickte zurück und rief beim Laufen: »Was stehst du denn da?« Sie selbst blieb nicht stehen, lief weiter und fünf Sprünge später erinnerte sie sich gar nicht mehr an Anička, denn sie musste über die Holzplanken balancieren, die die Bauarbeiter über den aufgegrabenen Fußweg gelegt hatten. Wer da stürzte, fiel in aufgeweichten Schlamm. Drei Kinder stürzten, der Schlamm spritzte, die übrigen liefen lärmend weiter. Anička hörte das sich entfernende Schreien und wartete ab, ob sich noch jemand umblickte, doch die Kinder verschwanden eins nach dem anderen hinter der Ziegelmauer.

Ihr fiel ein Tropfen von der Nasenspitze herunter. Sie wischte ihn mit dem Finger weg, putzte sich die Nase. Über die Ziegelmauer neigten sich die Äste einer mächtigen Eiche zu ihr herunter und Anička runzelte die Stirn, es schien ihr, dass die Äste irgendwie tiefer hingen als sonst, die von Larven zerlöcherte Rinde hatte Wasser aufgesaugt, auch die Eicheln war vollgelaufen und somit schwerer geworden. Wenn der Wind wehte, leuchteten die Blätter auf und einige große

Tropfen von den Blättern tropften auf den Fußweg. Sie hörte, dass jemand hinter ihr rannte, noch zwei Jungs, die hinter dem Trafo eine geraucht hatten oder spät aufgestanden waren, oder sie wollten einfach rennen. Sie spürte solche plötzlichen Anflüge der Freude und das Bedürfnis, überschüssige Energie loszuwerden, schon gar nicht mehr, und all jene Kinder, die ihre eigene Motorik nicht kontrollieren konnten, erschienen ihr wie Kleinkinder und verabscheuenswert. Einer der Jungs rempelte sie beim Vorbeirennen mit seiner Tasche, er blieb nicht einmal stehen, sauste weiter, lief zwischen den Pfützen Slalom. Am Ende der Ziegelmauer vermasselte der Junge einen Schritt und so fiel auch er hin. Geschieht dir recht, dachte sie, drehte sich um und lief in die entgegengesetzte Richtung. Sie ging um eine Frau herum, die allein da stand, sah nur deren Schuhe, schritt langsam, ihre Augen hüpften über den auf den Fußweg gestreuten Kies.

8

Vor der Tür finde ich den Plastikeimer von der Fassadenfarbe und darin irgendwelche Wurzelknollen. In einer Papiertüte ein Dutzend Zwiebeln. Wir haben es eilig, in die Schule zu kommen, so schiebe ich den Eimer hinter die Tür, am Wochenende werden wir die alle setzen. Beim Setzen der Zwiebeln können wir uns über den Tod und die Wiedergeburt unterhalten, sogar mit einem anschaulichen Beispiel.

Ich begleite Jakub ein Stück. Als wir die ersten Kinder treffen, deren Wege unseren kreuzen, setze ich ihm den Ranzen auf die Schultern und sage wie jeden Morgen, dass der irgendwie schwer ist, was er denn darin trage, armes Kind, ein krummer Rücken, eine herausgesprungene Bandscheibe. Er nimmt es auch so nicht mehr wahr, es ist egal, was gerade aus meinem Mund kommt, Jakub springt in Gedanken schon mit seinen Freunden über Pfützen, er löst sich schon wie eine Schale von mir und deshalb verdorre ich von innen heraus. Er springt hoch, damit ihm der Ranzen besser auf den Schultern sitzt. »Schaffst du es?« Fragt er. »Was soll ich schaffen?« – »Zur Arbeit kommen oder etwas danach?« – »Du hast recht, wir sehen uns am Nachmittag, keine Sorge«, sage ich zu ihm und gebe ihm einen Kuss aufs Ohr. »Nicht vergessen. Um vier in der Turnhalle.« – »Vergesse ich nicht«, sage ich etwas beleidigt, ich vergesse nie etwas, er ist derjenige, der Dinge vergisst. Ich ziehe ihm noch die Mütze zurecht und das Halstuch, dann lasse ich ihn gehen. Er dreht sich zwei Mal um und winkt mir zu. Dann löst er sich gemeinsam mit drei Kindern von der Gruppe und rennt los, schon springt er über seine Pfützen, er rennt den Hügel hinunter, an der Wand des Sommerkinos entlang, sein Ranzen hüpft auf seinem Rücken, das Wasser platscht unter den Stiefeln. Die anderen Kinder trotten langsam dahin, doch ein Mädchen beschließt umzukehren. Jakub sieht sich nicht mehr um und ich schaue ihm hinterher, solange ich seine Gestalt noch unter den anderen Kindern und den Eltern auf dem Parkplatz vor der Schule ausmachen kann. Der Wind weht, vom Baum, der sich über die Mauer neigt, fallen etliche Blätter und spritzen große Tropfen und ich habe für einen Moment das Gefühl, dass die Zeit an Tempo zulegt.

In diesem banalen, sich jeden Morgen wiederholenden Augenblick stehe ich ganz im Mittelpunkt der Zeit, die sich wie ein Kreisel um ihre eigene Achse dreht, und momentan bin einzig ich ihre Achse, mit den Händen in den Jackentaschen am Rande eines nassen Fußweges stehend. Der Kreisel saust, um mich herum wirbeln Laub und Schokoladenpapier von der Vesper, die die Kinder schon vorzeitig gegessen haben, gleich als sie in der Schule angekommen waren. Ich bin entrindet, entblößt wie das Innere einer Frucht, jedes Blatt, das mich streift, verursacht bei mir einen Riss, jeder kleine Stein, hervorgeschossen unter den Reifen der vorbeifahrenden Autos, bohrt sich tief in mich hinein. Traurigkeit und Melancholie tropfen aus den Rissen heraus, doch es folgt keine Erleichterung, sondern das Heraustropfen verursacht nur noch mehr Gewirr kontroverser Gefühle, ein plötzliches Schamgefühl und Groll. Ich kreuze meine Arme und reibe mir die Arme, die Wunden füllen sich mit schnell trocknendem Harz, damit ich nicht verblute, und ich beeile mich. Das Mädchen, das noch einmal nach Hause zurückgekehrt war, kam nun den Hügel heruntergelaufen und zwei Jungen mit über die Schultern geworfenen Ranzen sausten auch den Hügel hinunter.

Ich renne zum Bahnhof, schaffe es gerade noch, eine Fahrkarte zu kaufen. Der Zug ist schmutzig und überheizt, doch mir ist das völlig egal, ich beschwere mich nicht mehr, stelle nur noch fest. Ich gehe den schmalen Gang entlang, beobachte die Gesichter und Gestalten der Menschen und suche ein Abteil, in dem es mehr freie Plätze gibt als in den nahezu voll besetzten, doch so eins findet man in diesem Zug nicht. Ich spekuliere, welcher Fahrgast mein potenzieller Klient sein könnte, also an der Höhe des monatlichen Einkommens gemessen ein Sozialfall oder ein Bürger in materieller Not, und wer früher oder später das Büro der kostenlosen Rechtshilfe aufsuchen wird, sei es die Person selbst oder ein Verwandter nach deren Tod. Wie immer hoffe ich auch heute, dass mich kein ehemaliger Klient wiedererkennt und mir im Gang zwischen zwei ächzenden Waggons ausführlich erläutern wird, welche Richtung sein Leben eingeschlagen hat und dass er weder auf mich noch auf den Staat oder die Zigeuner, die Kapitalisten oder die Krise schimpfen und auch nicht um Hilfe bitten wird. Ich hoffe, dass ich heute keinen Bekannten treffe. Ich hoffe, dass sich der Waggon nicht abkoppelt oder dass die uralten Türen der abgewrackten Ausstattung nicht auseinanderfliegen und mich der Sturm nicht zwischen die Halden von Bauschutt unterhalb des Bahndamms schleudern wird. Jede Reise mit dem Morgenzug ist voller Hinterhalte und Gefahren, man spürt regelrecht, wie die Leute sich zusammenkauern, sich in ihre Handys vertiefen, wie sie jeglichen Kontakt fürchten, die Fragen, die unbeabsichtigte Berührung eines fremden Beines.

Ich finde ein Abteil mit einem einzigen freien Platz, es ist ein erstklassiger Platz am Fenster, neben einem jungen Kerl mit einer blauen Punkfrisur. Die ausgeblichene Lederjacke wirkt unbezwingbar, doch der Kerl schaut mich aufmunternd an. Ich zögere trotzdem – warum ist gerade dieser exklusive Platz frei? Ich überfliege die Gesichter. An der Tür sitzt eine ältere Frau, gegenüber eine angeödete junge Frau, ein angeödeter Mann, dazwischen ein Mädchen, aus dem schlicht die Freude an der Reise im Nahverkehrszug sprüht. Keine Debütanten in Sachen Sozialhilfe. Alle außer dem Mädchen schweigen, alle wirken komplett unbeteiligt, als ob sie gar nicht da wären, als ob sie diese lästige Reise gar nichts angehe. Alle, einschließlich meiner selbst, versuchen, mit der Abteilverkleidung des Wagens der zweiten Klasse zusammenzuwachsen. Die ältere Frau ist etwas nervös, sie reist offensichtlich nicht oft. Der junge Vater starrt an die Decke, die junge Mutter beschäftigt sich mit einem Faden, der aus ihrer Fair-Trade-Bio-Öko-Kleidung von undefinierbarer Farbe und einem scheußlichen Schnitt, zusammengenäht aus farbigen Stücken, heraushängt, unter ihrer Kleidung verbirgt sie erfolgreich ihre ätherische Anmut, aus der eine andere Frau ein visuell recht attraktives Kapital herausschlagen würde. Der Kerl mit der Punkfrisur duftet trotz seiner Punkkleidung sehr erregend und wenn er seinen Kaugummi kaut, verzieht sich sein Kiefer so schön, aus dem Kerl wird dann gleich ein Mann, den man sich wenigstens gern anschauen mag. In zwei, drei Jahren wird ihn eine stabile Arbeit geerdet haben, der Kredit für die gekaufte Wohnung wird ihm all die unsinnigen grellen Ablagerungen abgekratzt haben, es wird vorbei sein mit dem Punk.

Ich lehne meine Stirn ans Fenster. Der Zug bewegt sich. Draußen eine graue Landschaft. In regelmäßigen Intervallen durchkreuzen Masten, die die Bahnstrecke säumen, das verwischte Fensterbild. Die Novemberfelder, mit Wasser vollgesaugt, in den Pfützen gaukeln gespiegelte Baumkronen, schwarze Striche, Äste, Steine, Fußspuren im Schlamm, eine Weile prescht ein Hund an der Bahnstrecke entlang, er kläfft den dröhnenden Zug an. Heruntergefallenes Laub entblößt schwarze Müllkippen, Säcke mit Bauabfällen, Kühlschränke, Waschmaschinen, Matratzen, ganze Teile des Haushalts, enterbt in den Gräben und Kanälen zwischen dem Bahndamm und der Straße, die einige Kilometer lang parallel zur Bahnlinie verläuft. Es fängt an zu regnen, die Wassertropfen schlagen quer übers Fenster fast parallel zum Horizont auf und spalten das auch so schon verzerrte Bild in kleine scharfe Bruchstücke. Das Mädchen fängt an herumzurutschen, der Vater hat seinen Blick sicher auf die Lücke zwischen den Köpfen der Mitleidenden fixiert, die Mama zieht geduldig Millimeter für Millimeter den Faden aus ihrer Kleidung und wickelt ihn auf ihren Zeigefinger auf. Das Kleid löst sich auf, es zerfällt in kleine farbige Striche, der Frau fällt der Busen heraus. Könnte er ruhig, dann wäre es lustiger. Der junge Kerl mit der Punkfrisur schaut konzentriert auf sein Handy. Seine Abwesenheit ist weder verkrampft noch gespielt, seine Wahrnehmung ist in diesem Moment völlig auf etwas außerhalb des Zuges gerichtet, mit dem Zug verbindet ihn einzig das kostenlose WLAN.

Das Mädchen beginnt impulsiv mit den Beinen zu kicken und die gegenübersitzende Frau bewegt sich unauffällig. All das sehe ich teilweise aus dem Augenwinkel, teilweise in den Spiegelbildern vom nassen Fenster, die Bilder verfließen ineinander. Auf dem Kopf des Mannes schwingt ein Geweih aus Ästen, die Frau trägt auf dem Gesicht eine Maske aus auf den Feldern verrottenden schwarzgewordenen Sonnenblumenköpfen, die sich auf Feldern an der Bahnlinie entlangstrecken. Das Mädchen kickt immer rasanter mit den Beinen, die Luft in diesem abgeschlossenen Raum wird dicker, sie wird gemischt durch die rhythmischen Bewegungen der hellblauen Strumpfhosen. Die ältere Frau schrumpft völlig zusammen, zieht ihre Beine unter den Sitz und umarmt ihre schwarze Tasche, die sie die ganze Zeit auf dem Schoß hält, noch fester. Sie hustet. Das Mädchen hebt die Augen und mustert die Frau mit ihrem Blick von oben nach unten, auf Höhe der Tasche schaltet ihr Gesichtsausdruck von neugierig auf herausfordernd um. Sie rutscht nach vorn, die Strumpfhose leuchtet in zwei schnellen Bewegungen auf, die Frau atmet schwer und blickt zur Mutter hin. Die Fingerspitze ihres Zeigefingers wird schon vom festgezogenen Faden blau und sie zeigt keinerlei Interesse dafür, was neben ihr geschieht. Sie scheint nicht nur den Finger, sondern auch den Blutzufluss zum Gehirn abdrosselt zu haben. Die Frau hustet noch einmal, das Mädchen wendet sich demonstrativ ab und spielt Desinteresse vor, doch nach einem kurzen Augenblick schwingen die Beine wieder. »Könnten Sie Ihrem Töchterchen sagen, dass sie mich nicht treten soll?«, fragt die Frau, der Ton ihrer Stimme schafft es selbst in diesem kurzen Satz vom Ärger auf ein entschuldigendes Verständnis umzuschalten. Die Mutter bewegt überrascht die Hand, mit einem kurzen Ruck reißt der Faden, ihre inneren Leitungen verlieren an Spannung, für den Bruchteil einer Sekunde sucht sie verwirrt nach einen festen Punkt im Raum. Sie findet ihn. Das Ende des Fadens baumelte über ihrem Knie und das ärgert sie, denn bis sie aussteigen, könnte sie noch einige Zentimeter herausziehen, es war noch etwas übrig. »Wissen Sie, wir erziehen unser Kind irgendwie … freier. Verstehen Sie, es soll selbst draufkommen, was sich gehört und was nicht. Ich werde ihr definitiv nichts befehlen!« Die Frau blickt zum Vater des Mädchens. Der Vater ist jedoch nicht anwesend, und selbst wenn die Mutter *wir* sagt, ist er nicht *wir*, er war für diesen Augenblick Teil der Ausstattung des Zugabteils. Das Mädchen kichert, seine Beine beginnen wieder zu schwingen, das kurze Gespräch ist beendet. Die Frau rückt seitwärts, drückt ihre Knie an die Tür, ihre schwarze Tasche stellt sie vor sich wie einen Schild, sie schrumpft in ihrer Wehrlosigkeit zusammen. In Gedanken über die Generationsunterschiede versunken wartet sie geduckt die letzten fünf Minuten der Reise ab.

Die Landschaft draußen vor dem Fenster verändert sich. Mehr Gebäude, Zäune und Masten sind zu sehen, die Gleise gehen auseinander und verzweigen sich, einige kriechen unter dem Tor eines Fabrikgeländes hindurch, andere enden eingeschmolzen in einem Stück Beton. Verlassene Werkhallen mit herausgebrochenen Fenstern, vom Regen abgewaschene unlesbare Aufschriften an Mauern und auf Dächern. Die schäbigen Fassaden der Gebäude werden von großflächigen Reklametafeln verdeckt, wie farbige Kinderpflaster auf den Körper der Stadt geklebt lenken diese die Aufmerksamkeit von den offenen Schürfwunden ab. Der Zug fährt in die Stadt unendlicher Einkaufsmöglichkeiten, Unterhaltungsangebote, Perspektiven und des Wohlstandes ein, die Freude der Befreiung ist auch im Abteil zu spüren. Die ältere Frau steht vorsichtig auf, legt ihren schwarzen Schutzschild auf dem Sitz ab und macht sich daran, ihr Tuch mit einem komplizierten Knoten zusammenzubinden. Der Papa ist wieder anwesend, er kontrolliert sein Handy. Die Mama hatte ihren wertvollen Faden irgendwo versteckt, ich forsche danach auf dem Boden, auf dem leeren Sitz, es ist kein Faden zu sehen. Mein Bein ist eingeschlafen, ich stelle mich auf das Bein, lehne mich ans Fenster und beiße die Zähne zusammen. Der Zug hält, die Leute bewegen sich den Gang entlang.

Der junge Kerl mit der Punkfrisur steht auch auf, reckt sich und wirft sich den Riemen seiner Tasche über die Schulter. An der Tür bleibt er stehen, dreht sich zu uns um, zieht den Kaugummi aus dem Mund und klebt ihn dem Mädchen in die Haare, direkt auf den kurzgeschnittenen Pony über den überraschten Augen. »Bei uns zu Hause hatten wir auch eine solche freiere Erziehung«, sagt er und verlässt das Abteil. Die Sonne bricht durch das Gewölbe grauer Wolken hindurch.

9

Auf dem Weg zurück zum Haus traf Anička noch einige Mitschüler und Erstklässler, die von ihren grantigen Eltern mit Klapsen in Richtung Schule getrieben wurden. Hinter dem Trafohaus rauchten zwei Mädchen aus der Achten. Anička lief ihren gewohnten Weg entlang und hob ihren Blick nur vom Boden, als sie die stark befahrene Straße überquerte. Je näher sie ihrem Haus kam, umso leerer wurde die Straße, alle waren irgendwohin verschwunden.

Das Nachbarhaus hatte einen gut gepflegten eingezäunten Vorgarten, in dem das ganze Jahr über Blumen blühten. Diese waren durchdacht und sorgfältig gepflanzt, mit einem Sinn für die Farbe der Blätter und Blüten, für das Volumen der Pflanzen und auch für deren Blütezeit. Die Triebe des Wilden Weines verdeckten die grau gewordene Fassade, so wirkte das alte Haus der Nachbarn eher romantisch als ungepflegt und es war eine einsame liebenswerte Oase mitten in der Betonwüste des Stadtrandviertels. Als Anička sich ihrem Haus näherte, heftete sie ihren Blick auf diesen Farbfleck und ließ sich von ihm wie von einer Angelschnur heranziehen, schaute weder nach rechts noch nach links. Zwischendurch verlockte es sie zwar einige Male, vom Weg abzuweichen und herumzustromern, doch die Angelschnur zog sie letztendlich sicher nach Hause.

Vor ihrem Haus gab es nur einen Haufen Kies und eine mit Blech abgedeckte nicht funktionierende Kreissäge, die wartete schon drei Jahre lang darauf, dass mit ihr etwas geschehen würde. Das Haus war groß, zweistöckig, zu groß für zwei Leute. Im Erdgeschoss befanden sich die Küche, der Heizungsraum, Aničkas Zimmer und das Bad, im Obergeschoss Vaters Zimmer und zwei weitere kleine leere Kammern, aus denen Angst strömte. Unter dem Dach war der Oberboden, zu dem man über steile Holzstufen gelangen konnte, wenn man es denn schaffte, die schwere Dachbodenklappe hochzudrücken und gegen den Dachgiebel zu lehnen. Auf dem Oberboden pfiff der Wind, dort knarrten die Dachbalken und durch die Ritzen zwischen der Dachbodenklappe und dem Zwischenboden fiel Mäusekot. Um beim Heizen zu sparen, schloss Papa die beiden leeren Zimmer ab. Sein Zimmer war der längliche kalte Raum im Obergeschoss und Anička gehörte das Zimmer unten, welches im Winter am wärmsten war, denn es befand sich gleich neben dem Heizungsraum. Sie hatte darin einen großen Tisch, darauf jede Menge Papier, Farben, eine Schere, Kleber, Stoffreste, in Schuhkartons Steine, Blätter, Federn und andere Naturmaterialien, aus denen sie Bilder und Sachen zum Spielen bastelte. Gern beschäftigte sie sich mit den Stoffresten und mit all den gesammelten kleinen Dingen, sie legte sie nebeneinander und probierte aus, welche zueinander passten.

Papa sprach manchmal davon, das Haus zu verkaufen, doch sie wusste nur allzu gut, dass es mit dem Haus genauso werden würde wie mit der Kreissäge im Vorgarten. Falls sich die Kreissäge nicht um sich selbst kümmerte (und sie kümmerte sich nicht um sich selbst) und falls niemand sie klaute, dann würde sie dort bis zum Ende der Welt stehen. Die Stahlscheibe würde jeden Tag den Fahrschülern ihre Zähne zeigen und kleine Kinder verschrecken, die auf dem Parkplatz das Fahrradfahren übten, und sie selbst würde sie ebenso irritieren wie alle anderen widerlichen hässlichen Schreine kaputter Maschinen, die Vater zu günstigen Konditionen erworben (ich wäre ein Esel, wenn ich das dort gelassen hätte), nach Hause geschleppt und dann im Garten stehen gelassen hatte. Schleifmaschinen, Pumpen, Sägen,

Drechselbänke, Generatoren, Radiatoren, Teile verschiedenster Mechanismen, die er zusammenbauen, reparieren, zusammenlöten, säubern, retten und im Haushalt verwenden wollte, doch er fand nie Zeit und auch keinen Grund, dies zu tun, und vielleicht fehlten ihm auch die Fähigkeiten dazu. Und dann war da noch das Baumaterial, welches er von den Baustellen herbeischleppte, denn es konnte ja für Reparaturen am Haus genutzt werden. Im Garten hinter dem Haus machten sich provokativ Wellblechplatten und zusammengerollte Linoleumballen breit, Stücke von Bodenplatten und Parkett, harte Zementsäcke und Stahlstäbe fürs Betonieren lagen herum. Den Eisenschrott zwischen den Büschen am Ende des Gartens fraß der Rost auf, die Reste davon drangen in den Boden ein, doch es würde Ewigkeiten dauern, bis er den ganzen Krimskrams zerkaut und verdaut haben würde.

Das Haus gehörte der Lage nach zwar noch zum erweiterten Stadtzentrum, war aber weder ein Stadthaus noch ein Dorfhaus, es war irgendwo dazwischen. Über das Nachbargrundstück kamen nachts Tiere aus den Weinbergen und den Espenhainen in den Garten hinterm Haus, im Sommer fanden vor dem Haus improvisierte Wettbewerbe getunter Autos statt, Jugendliche drehten ihre Autoradios laut auf, Dealer gaben sich durch heruntergelassene Autofenster die Hand und Mädchen fotografierten sich vor der mit bunten Graffiti besprühten Mauer des Amphitheaters.

Papa lag immer noch auf dem Bett, schwer und hart wie ein Kiessack, er lag da wie ein großer Haufen mit abstehenden Haaren. Seine Hand berührte den Fußboden, die Bettdecke war auf den Boden gefallen. Bis auf die heruntergefallene Bettdecke hatte sich nichts geändert. Der Hirsch auf dem Bild hatte die Ohren gespitzt und schaute Anička geradezu in die Augen. Er hatte eine Frage in seinem Blick, doch Anička antwortete nicht, sie schloss die Tür und lief hinunter in die Küche.

Dort legte sie drei Hörnchen auf den Teller, stellte Fisch in Mayonnaise dazu, schnitt eine grüne Paprika. Ins Glas goss sie Sirup, verdünnte ihn mit Wasser. Papa mochte Sirup sehr, so gab sie noch eine Extraportion dazu. Auf dem Tisch stand neben dem Salzstreuer eine Porzellanschüssel mit kleinen Dingen, darin lag auch immer der Schlüssel mit dem Schlüsselband. Sie nahm diesen Schlüssel, den Teller und das Glas, stellte alles vor Papas Zimmer vorsichtig auf den Boden. Sie überlegte, ob die erste Unterrichtsstunde schon vorüber war, doch seitdem sie sich von der Gruppe der Kinder entfernt und den Hügel wieder hinaufgegangen war, waren kaum zwanzig Minuten vergangen. Ihre Gedanken rannten die Straße hinunter zur Schule, im Gebäude verteilten sie sich in alle Richtungen, zerstreut irrten sie durch die breiten Flure, durch die Garderoben und Klassenzimmer, bis sie sich vor der Tür zur Turnhalle wieder sammelten.

Am Tag zuvor hatten sie statt Sportunterricht die Kulissen für die große Aufführung, die um vier Uhr am Nachmittag beginnen sollte, in die Turnhalle getragen. Dazu noch Pappkartons, Blechbüchsen mit Farbe, altes Schulmobiliar, Krepppapier, Holzscheite, Masken, Girlanden. All das hatten sie im Kunstunterricht, im Musikunterricht und im Schulklub gebastelt. Jede Grundschulklasse musste sich um einen Programmteil kümmern und arbeitete selbstständig, insgesamt waren also etwa hundert Kinder an den Vorbereitungen beteiligt. Der Theaterzirkel – somit auch Anička als Hauptdarstellerin – hatte in diesem ganzen Karussell eine Sonderposition und eine wichtige Aufgabe. Sie sollten alle Mängel und Fehler, alle Unentschlossenheiten und Patzer, alle vergessenen Texte und zerknitterten Kostüme, all die amateurhaften Leistungen der lampenfiebrigen Mitschüler durch einen fehlerfreien zwanzigminütigen Auftritt, den sie viel länger als nur eine Woche vor der Feier geprobt hatten, vertuschen. Anička war sich ganz dessen bewusst, dass sie nicht hinter der Polystyrolmaske eines der dreißig Schneemänner stecken würde, sie würde nicht beim ausgeschalteten Licht eine Kerze halten und für jemanden, der mehr Talent hatte, das Kulissengebüsch sein. Die anderen werden für sie die Kulisse sein. In einer Szene wird sie sogar ganz allein auf dem Podium stehen, etwas sagen und alle anderen müssen still sein. Auch Papa wird still sein. Er wird unter den Eltern sitzen, die im Dunkeln ihre eigenen Kinder nicht finden werden, und sie werden diese auch gar nicht suchen, sondern gemeinsam mit ihrem Papa ihr in ihrem Organzakleid, ihrem Soloauftritt, zuschauen.

In jenem Augenblick, als die Wasseroberfläche im Glas gefährlich schwappte und einige Tropfen des klebrigen Wassers auf Aničkas Unterarm tropften, in diesem Augenblick wusste Papa noch gar nicht, dass sie die Hauptrolle bekommen hatte, sie hatte es ihm nicht gesagt. Nicht, dass er fragen würde, er fragte nie, doch auch so hatte sie es geschafft, das einen Monat für sich zu behalten und nicht damit zu prahlen. Wenn er sie dort sehen wird, wird er vor Staunen umfallen.

Sie schloss die Tür zu Papas Zimmer auf, öffnete sie und ging vorsichtig hinein. Sie lief mit großen Schritten durchs Zimmer, große Schritte, damit es möglichst wenige waren, hielt den Teller mit dem Essen in der Hand, und das Glas, über den Unterarm lief ihr ein kleines Rinnsal. Den Teller stellte sie auf den Stuhl, rückte die Paprikastreifen gerade. Das Glas stellte sie unter den Stuhl. Sie trat zurück und blickte auf das Stillleben, das sie gerade schaffen hatte. Das Glas unter dem Stuhl passte irgendwie nicht, es sah aus, als ob es dort schon eine Woche lang vergessen gestanden hatte und Anička schien in diesem Moment wichtig zu sein, was Papa sah, wenn er die Augen öffnete. Sie schob den kleinen Becher mit dem Fischsalat zur Seite und zwängte das Glas zwischen die Paprika und das Brot. Als sie wieder etwas zurücktrat, durchzog ein matter Lichtstrahl das Glas, der Spalt zwischen den Vorhängen leuchtete auf, das Sirupwasser wirkte im Licht als ob es sich bewegte und das Stillleben gewann eine neue Qualität. Diese nur geringe Veränderung überdeckte den Makel und die befremdliche Ungemütlichkeit des Raumes, des Hauses, das sie gemeinsam bewohnten, und auch die Umstände, die keine Zartheit und Schönheit zuließen.

Papa röchelte auf, bewegte sich, wälzte sich auf die Seite, das Gesicht zur Wand, der Rücken und die Schulter eingesunken in die Matratze wie ein Felsblock, der den Hang hinuntergerollt und auf der weichen Erde gelandet war. Seine kurzen Haare waren grau, am Nacken war darunter die faltige Haut zu sehen. Den goldbraunen Körper des Hirschs durchzuckte vor Schrecken instinktiv ein Krampf, die Muskeln spannten sich und entspannten sich dann wieder, denn der Hirsch kannte Vater nur allzu gut und wusste, dass er recht harmlos war. Auch Anička wusste das, Vater hatte niemals jemanden verletzt, hatte noch nie jemanden verprügelt, er hatte noch nie geschrien, er mochte kein Geschrei, er mochte die Stille. Und noch das monotone Drehgeräusch irgendeiner Maschine, das Rauschen eines Baches, das Prasseln der Scheite unter dem Heizkessel. Doch keine langen Debatten, keine Erläuterungen, keine Konfrontationen. Der Hirsch konnte weiter in Ruhe in die Landschaft schauen und wiederkäuen, der in Äthanol abgetauchte Papa drehte sich höchstens auf die andere Seite oder fiel aus dem Bett, Anička konnte die Tür zumachen, sie dann abschließen und zur Schule zurückkehren. Bevor sie die Tür schloss, kontrollierte sie, ob Papa nicht im Zimmer irgendwo unter dem Bett, hinter dem Vorhang, hinter dem Schrank oder auf dem Schrank Alkoholvorrat versteckte hatte.

10

Die erste Klientin heute verbessert meine Laune, obwohl sie mir diese aus ihrer Perspektive mit ihrem arroganten Gehabe zwangsläufig eigentlich hätte verderben müssen. Ich arbeite seit drei Jahren in diesem Büro für Rechtshilfe und inzwischen kann ich einige Klienten schon einschätzen, bevor sie überhaupt durch die Tür getreten sind. Vor allem jene Damen, deren eindringliches, auf den Fliesenboden des Verbindungsgangs geklopftes Staccato ankündigt, dass sie bis aufs Blut um ihre Rechte kämpfen werden – trotz ihrer hohen Absätze und der Gelmaniküre oder gerade mit deren Hilfe. Im Laufe der Jahre habe ich es mir angewöhnt, ruhig zu antworten, nicht die Stimme zu heben, meine Stimme und meinen Dialekt der Region, aus der die Klienten stammten, anzupassen. Ich habe es auch gelernt, gar nicht hinzuhören, sondern von den Lippen abzulesen. Ich beherrsche es inzwischen, feine Töne in der Stimme und auch in der Körpersprache wahrzunehmen, zum Beispiel wenn die Leute logen, wenn sie betrogen, wenn sie Angst hatten zu sprechen, oder auch wenn sie auf Fragen meinerseits angewiesen waren. Ich habe es allerdings immer noch nicht gelernt, persönlichen Attacken und Grobheit gegenüber resistent zu sein, auch nicht all dem Übel gegenüber, das mir die Leute in riesigen Mengen und Variationen auf dem Tisch auskippten. All dieser Dreck klebt dann an mir und ich bin dankbar, dass mein Heimweg länger als eine halbe Stunde dauert, denn in dieser Zeit schaffe ich es gerade so, die angeschlagenen inneren Organe durchzuspülen, indem ich die sich draußen vor dem Fenster verändernde Landschaft verfolge und auf YouTube Videos schaue.

»Sind Sie die Anwältin oder nur so eine ...«, beginnt die gepflegte Frau, doch ihr Blick, mit dem sie mich vom Kopf bis zu den Schuhspitzen der Birkenstock-Ersatzlatschen, die ich auf der Arbeit trage (bei deren Anblick sie spöttisch ihre Mundwinkel anhebt), mustert, beendet auch ohne Worte den Satz. Ich bin hier nur irgendeine Hilfskraft und mit so einer wird sie sich nicht abgeben, sie wird nur mit dem obersten Chef der ganzen Erdkugel sprechen. »Die Anwälte sind momentan beschäftigt, wir haben heute Klienten mit Terminen«, gaukle ich ihr vor. »Es tut mir leid«, füge ich noch hinzu, doch mein Bedauern war heute pure Clownerei, beim Verteidigen meiner Korklatschen gehe ich sogar das Risiko ein, eine Klientin zu verlieren, auf den ersten Blick sah die übrigens nicht aus wie eine Sozialleistungsbezieherin, denn davon würde die sich nicht einmal die Handtasche kaufen können, die an ihrem Unterarm baumelt. Ich lächele so zuvorkommend wie möglich, scheure mit meinen Latschen beschämt auf dem Büroteppich herum, um ihr zu bestätigen, dass ich mir ganz und gar dessen bewusst bin, welcher Platz in der Hierarchie dem Klienten gebührt und welcher der Arbeitskraft. Die Dame zögert trotzdem noch, meine Antwort hat sie etwas aus dem Konzept gebracht. Offenbar ist sie sich nicht sicher, ob sie die Öffnungszeiten an der Eingangstür oder auf der Webseite genau durchgelesen und nicht bemerkt hatte, dass man einen konkreten Termin vereinbaren kann und ich in diesem Falle Recht habe. Im Nebenzimmer hinter der angelehnten Tür arbeiten fieberhaft die Anwälte und die Dame versucht durch hastige Bewegungen deren Interesse auf sich zu lenken. Die Anwälte sehen sie aber nicht, interessieren sich auch nicht für sie, solange ich sie ihnen nicht als relevanten Fall zuteile. Das ist meine Aufgabe und solange diese Dame nicht weiß, dass auch eine wie sie in unserer internen Hierarchie recht weit unten stehen kann, weiß sie auch nicht, dass sie nach ihrem Anfangssatz heute nicht an mir vorbei und somit nicht zum Anwalt kommt.

»Kann ich Ihnen noch irgendwie helfen?«, lächele ich und blicke sie aufmunternd an. Sie ist zwar umsonst gekommen und ich kann ihr auf keinerlei Weise helfen, möchte es auch nicht, doch ich geleite sie hinaus, ausgestattet mit allen Formularen, die zum Repertoire einer gut geschulten Mitarbeiterin des Erstkontakts jedweder Institution gehört.

»Aber ich muss mit einem Anwalt sprechen! Das können Sie nicht verste…« Die Dame lässt sich nicht abwimmeln und geht einen Schritt in Richtung der angelehnten Tür. Ich verteidige meine Anwälte, und so mache auch ich einen Schritt, die Latschen setzen weich, doch nachdrücklich auf dem Teppich auf. »Es tut mir leid, doch die Anwälte erledigen heute zugeteilte Fälle. Kommen Sie morgen, Sprechstunde ist von neun bis drei, Mittagspause zwischen zwölf und halb eins, wir sind für Sie da«, spucke ich heraus und lächele. Wenn Sie die Bedingungen erfüllen, die weder ich mir noch die Anwälte sich ausgedacht haben, denke ich, denn die haben sich anonyme Staatsangestellte in einer anonymen Abteilung eines der Ministerien, dem wir unterstellt sind, ausgedacht, liebe Frau, dann brauchen Sie sich gar nicht zu beschweren. Und wie ich das sehe, erfüllen Sie die Bedingungen mit Sicherheit nicht, die erfüllen nur die am stärksten Verzweifelten. Herzlichen Glückwunsch.

Zwischen uns läuft ein ungewöhnlich langer innerer Dialog ab. Die Frau denkt wahrscheinlich, dass ich eine Putzfrau oder die Assistentin der Assistentin bin, ohne Abitur, und dass ich keine Chance habe, ihre Probleme zu verstehen. Die Anwälte hinter meinem Rücken wispern, das Telefon auf meinem Tisch surrt, doch die Frau rührt sich nicht vom

Fleck. »Wer ist Ihr Vorgesetzter? Können Sie ihn anrufen?«, fragt sie und spinnt sich schon einen Plan zurecht, wie sie mich wegen meiner unzureichenden Flexibilität und meine Rechthaberei um meinen Arbeitsplatz bringen könnte. »Wie Sie wünschen«, sage ich und wähle die Nummer meiner unmittelbaren Vorgesetzten, die hinter der Tür sitzt und, wenn sie will, alles mithört, was sich im Büro des Erstkontaktes abspielt. Ich reiche der Dame das Telefon, doch bevor sie es schafft, irgendetwas zu sagen, plappert meine Vorgesetzte das, was ich gesagt habe, mit genau denselben Worten und im selben Ton, wir sind da schon eingeübt und amüsieren uns gern beim Mittagessen darüber. »Es tut mir leid, doch die Anwälte bearbeiten heute zugeteilte Fälle. Kommen Sie morgen, die Sprechzeiten sind von neun bis drei, Mittagspause ist zwischen zwölf und halb eins, wir stehen Ihnen aber gern zur Verfügung.« In diesem Moment rettet mich noch Herr Jendek, der zuerst nur den Kopf zur Tür hereinsteckt und dann hereinkommt, als ich ihm zunicke.

»Sie sind pünktlich, Herr Jendek!«, sage ich froh und Herr Jendek erschrickt etwas, denn er ist gar nicht für heute bestellt, hatte seinen Termin verpasst und seinem Gesicht ist abzulesen, dass er das weiß und sich dafür schämt. Die Dame schaut Herrn Jendek mit unverhohlener Geringschätzung an, legt das Telefon auf den Tisch und versucht grußlos zu gehen. Herr Jendek ist verwirrt, er zögert an der Bürotür, ob er nun ganz hereinkommen oder wieder gehen soll, er ist unsicher, was sich hier gehört und was von ihm erwartet wird.

Herr Jendek ist fünfzig und hat eine kleine Tochter, um die er sich allein kümmert. Er schiebt sie im Kinderwagen durchs Dorf, wäscht ihre miniaturartigen Kleidungsstücke, füttert sie mit der Milchflasche und es ist schon ein Fortschritt, dass er sie nicht mehr auf dem verlassenen Weg zwischen dem Landwirtschaftsbetrieb und den Hinterhöfen schiebt, sondern sich auch auf die asphaltierte Hauptstraße traut, an der Kneipe und an der Post vorbei. Die Verwandten seiner zu jungen Frau und auch sie selbst hatten ihm vor der Hochzeit nicht verraten, dass die junge Frau an Schizophrenie leidet, und als sie nach der Geburt ihrer Tochter durchbrannte, blieb ihm nichts anderes übrig, als sich selbst allein um seine Tochter zu kümmern, seine Arbeit als Bauleiter aufzugeben und in drei Jahre Elternzeit zu gehen. Und das Gespött des ganzen Dorfes über sich ergehen zu lassen und zu lernen, mit dem kleinen zerbrechlichen Geschöpf umzugehen. Herr Jendek hatte mit seinem eigenen Ego zu kämpfen, mit der motorischen Ungeschicklichkeit, mit dem Geld, das ihm fehlte, mit dem Mangel an Erfahrungen und dazu noch mit den Kerlen, denen er noch vor kurzem auf den Baustellen die Aufgaben erteilt hatte und die ihn jetzt unverhohlen auslachten, denn solch eine Windel in der Hand macht aus einem ordentlichen Kerl einen Krüppel. Zumindest dort in dem Tal, wo er lebt. Ich rate ihm, er solle umziehen und ein neues Leben beginnen, damit er auf all die Heuchler husten kann, und mache ihm ein Kompliment für seinen Mut. Das Kind könnte sonst im Heim enden. Ich sollte meinen Klienten nichts raten, das ist nicht meine Aufgabe, doch wenn ich Herrn Jendek auf der Straße treffe oder wenn ich ihm auf dem Gang hinterherrenne, dann kann ich mich von meiner Funktion loslösen und mich in einen Menschen verwandeln und ihm direkt sagen, was ich denke.

Herr Jendek, ein sehr gebückter Kerl, geht mit seinen abgestempelten Papieren zum Rechtsanwalt. Ich erledige einige Telefonate, sortiere die Post und empfange weitere Klienten. Ein junger Vater möchte das Sorgerecht für seine

Kinder, welches das Gericht den Großeltern zugeteilt hatte, da die Mutter langfristig im Ausland arbeitet. Doch der Vater hat keinen festen Wohnsitz und bevor er einen aufgetrieben haben wird, haben ihn die Kinder mit kräftiger Hilfe der Großeltern vergessen und verschwinden jedes Mal vor einem Treffen mit ihm lieber im Wald. Einer anderen Familie fehlt ein Zaun und dieser fehlende Zaun kann – als möglicher Ursprung für die Gefährdung der Minderjährigen – Grund für das Entziehen der Kinder sein. Im Falle von zwei Hinterbliebenen, der Ehefrau und der Tochter, die enorme Energie dafür aufbringen, um Witwen- und Waisenrente zu bekommen, wird mir schummrig vor den Augen, doch ich beiße die Zähne zusammen und um den Anwalt zu unterstützen, erkläre ich den beiden unsere und auch ihre Möglichkeiten. Meine Laune sinkt, mir geht die Energie aus.

Statt eines ordentlichen Mittagessens kaufe ich am Kiosk in der Unterführung ein Baguette und esse es auf dem Weg zum Sanatorium. Ich habe eine halbe Stunde Zeit zum Mittagessen, zum Sanatorium sind es mit flottem Schritt weniger als zehn Minuten, also zehn hin, zehn zurück und dazwischen zehn Minuten Beklemmung. Mir ist klar, dass dieser Zeitplan vor allem mir selbst dienlich ist. So tue ich, was ich tun muss.

Vor dem Sanatorium befindet sich ein kleiner Park mit einem verfallenen Springbrunnen, das Wasser längst abgelassen, von dem nur ein halbkreisförmiges Becken und einige herausragende Rohre übriggeblieben waren. In die Rohre hatte jemand Zweige gesteckt, ins Becken waren Abfälle geworfen worden. Ich erinnere mich noch, wie einst das Wasser in Bögen aus den Rohren sprudelte und die Kinder über die Mauer ihre Hände hinstreckten. Die kleine Mauer schien damals unüberwindbar hoch, den Boden des Beckens bedeckten hellblaue Fliesen, in Beeten blühten Blumen, die weitverzweigte Trauerweide trauerte um all die Armen, die im Krankenhaus lagen, und der Park war immer voller Leute. Das Sanatorium war damals das Kreiskrankenhaus und auf dem halbleeren Parkplatz spielten Kinder Fußball.

Papa saß damals auf der Bank und wandte sein Gesicht der Sonne zu, schweigsam und allein wie immer. Die geraden Beine über den ganzen Weg gestreckt, die Arme vor dem Brustkorb verschränkt, lange Beine und große Hände. Er hatte einen mächtigen Rücken mit dicker Haut, unter der sich nicht einmal die kleinen Hügel der Wirbelsäule abzeichneten, auch nicht die Ellbogen, er war ein einziges rundliches kugelsicheres Massiv aus Fleisch.

Ich war damals vier oder fünf Jahre alt und zu klein, um zu den Bögen des sprudelnden Wassers hinaufzureichen und die Tropfen in der Hand zu fangen. Tropfen, die sich wie in Zeitlupe drehten und umgruppierten und jeder, der herabfiel, ließ einen neuen Tropfen von der Wasseroberfläche hochspritzen. Papa hob mich nicht hoch, weil ihm das nicht einfiel oder weil er mich nicht sah oder weil er das in diesem Moment nicht für wichtig hielt, und ich war ohne ihn ganz machtlos. Vielleicht hob er mich auch hoch, doch ich erinnere mich nur, wie ich meine Hände über den Rand des Beckens streckte. Hände, die um etwas baten, doch nichts bekamen. Klettere da nicht hoch, du fällst runter.

Jetzt ist die Mauer für mich niedrig, ich stelle meinen Schuh darauf und kratze einen Batzen Schlamm von der Sohle. Ich spüre, wie sich plötzlich in mir eine merkwürdige Wut zusammenballt, wie sie gärt und brodelt. Ich laufe über den Gang im Gebäude, steige die Treppen hoch in die obere Etage und überlege verbissen. Papa wird vielleicht noch einige Monate im Sanatorium oder in der Rehaklinik liegen, oder zu Hause, es ist noch Zeit, doch mein Mut schwindet langsam, jeden Tag verwerfe ich eine Frage als überflüssig. Doch die Fragen verbleiben irgendwo und kehren wieder zurück, das weiß ich, auch hier gilt der Energieerhaltungssatz. Sie kehren dann zurück, wenn ich am allerwenigsten damit rechne.

Ich möchte, dass er sich irgendwann noch an diesen lange zurückliegenden gemeinsamen Moment bei dem Springbrunnen erinnert. Doch warum sollte sich Papa gerade an diese kurze banale Situation erinnern, an eine von Millionen, die wir tagtäglich gemeinsam erlebt haben. Nichts hatte diesen Augenblick außergewöhnlich gemacht, er war eher angenehm, die Sonne schien, die Blumen blühten, wir waren zusammen, objektiv war alles in Ordnung. Doch mir liegt daran, dass er weiß, dass es nicht so war. Viele Dinge waren nicht in Ordnung und gerade diese Banalitäten tauchen in den unmöglichsten Momenten auf und bedrücken mich, sie verbinden und vervielfältigen sich.

Heute könnte ich mich neben ihn aufs Bett setzen und erzählen. Ich könnte ihm eine zwistige Situation nach der anderen in Erinnerung rufen, ihm beschreiben, wie ich diese empfunden und welche Rolle er in ihnen gespielt hatte. Ihm sagen, dass ich allein diese Kette nicht abtrennen kann und dass das Gefühl von Ungerechtigkeit und Angst weiterhin in mir bleiben wird, ebenso der Zwang, ständig irgendjemandem zu beweisen, dass ich gut und tüchtig bin, dass niemand sich für mich schämen muss. Ich könnte ihm sagen, dass ich geliebt werden möchte, dass mich einfach jemand auf diese blöde Mauer heben oder wenigstens nahe bei mir stehen und mich auffangen soll, falls ich fallen würde und nicht mehr alleine aufstehen könnte. Jetzt könnte ich mich zu dem kraftlosen und verstummten Körper hinunterbeugen und ohne

Unterbrechung reden und den wunden Punkt treffen und die Risse in der geplatzten trockenen Haut öffnen. Er könnte vor den Fragen nicht fliehen, er könnte sich weder verteidigen noch mir widersprechen, oder erklären, oder mir den Rücken zuwenden. Er könnte lediglich die Augen schließen, doch die Ohren zuhalten könnte er nicht.

Ich merke, dass ich selbst in mir einen unsinnigen Zorn schüre, einen Zorn, der durch alte Erinnerungen hervorgerufen wurde, und mir wird klar, dass gerade dieser Zorn mir heute den Mut gibt, den ich brauche, um überhaupt in der Lage zu sein, die Tür des Krankenhauszimmers zu öffnen. Dank dieses Zorns bin ich waghalsig und entschlossen, doch in Wirklichkeit bin ich mir selbst gegenüber feige und unaufrichtig. Ich hatte schon viele Gelegenheiten zu fragen, doch ich habe es nie getan. Zwar hätte mir niemand eine Antwort garantiert, doch ich hatte es ja nicht einmal versucht.

Vor der Zimmertür fällt der Zorn ab, als ob ihn jemand von mir abgestaubt hätte. Ich spüre Müdigkeit und mir schießt die Frage durch den Kopf, wessen Frieden und wessen Seele in diesem Moment wichtiger sind – meine oder seine, dessen Tage ganz sicher schon gezählt sind. Soll ich ihn in Frieden gehen lassen oder seine unbewusste Seele aufwühlen und zermalmen und mir den Brei als Zeichen des Sieges auf die Stirn streichen? Mir eine Gesichtsmaske auftragen, die all die Falten beseitigt, welche er verursacht hat? Erleichtert mich das? Es gibt hier niemanden, der seine Stelle einnehmen könnte, und es hat hier sonst nie jemanden anderes gegeben, es gab immer nur uns beide.

Es stimmt nicht ganz, dass wir immer nur zu zweit waren. Seit sieben Jahren gibt es hier auch meinen Sohn. Wir waren jedoch nie ein Trio. Es gab immer nur mich und meinen

Sohn, mich und meinen Vater oder meinen Vater und meinen Sohn zusammen ohne mich.

Die Schwestern hatten Vater in ein Zimmer mit Blick auf den kleinen Park verlegt. Wenn er den Kopf anheben könnte, hätte er mich sehen können, wie ich beim Springbrunnen stand. Doch er hebt den Kopf nicht allein an, deshalb bin ich zu ihm hoch aufs Zimmer gegangen, lege ihm eine Hand unter den Rücken und schiebe ihm mit der anderen noch ein Kopfkissen unter. Sein Kopf fällt zur Seite und die Position, in der er jetzt liegt, sieht unnatürlich und unbequem aus. Ich verschiebe die Kopfkissen wieder, der Kopf dreht sich auf die andere Seite und richtet sich wieder gerade.

An der Tür steht die Schwester. Wie gewohnt beobachtet sie mich nur still, bereit, diskret und ohne überflüssige Fragen zu helfen. Ich nicke ihr zu, sie mir auch, ich habe es ohne Hilfe geschafft. Das bin ich schließlich gewohnt und ich weiß, dass der Mensch auch die allerschwierigsten Aufgaben alleine schafft. Die Schwester geht mit einem aufs Gesicht aufgeklebten sanften Lächeln und schließt die Tür.

Papa blickt zum Fenster hin. Ich bücke mich, um das zu sehen, was er aus seiner Position sieht. Die in die Fontänenrohre hineingesteckten Zweige sind kaum von den Büschen zu unterscheiden und von der Mauer sehe ich nur den oberen Rand, doch das könnte auch die Bordsteinkante sein. Die Zweige der immer noch grünen Lärche wiegen sich von einer Seite auf die andere, bis in die rund beschnittenen Zierkirschenbäume hinein, die im Frühjahr füllige rosafarbene Blüten tragen, die Zierkirschen haben schon keine Blätter mehr, die Blätter liegen auf den Gehwegen und zwischen den Büschen. Der graue Himmel hängt irgendwie niedrig, als ob er sich unter der Schwere des in Wolken angehäuften Wassers nach unten biegen würde. Vater hat die Bettdecke wieder bis unters Kinn gezogen und die Hand, die aus dem Bett hängt, hebe ich ihm hoch und lege sie auf die Matratze zurück. Seine Nägel sind von der Arbeit mit dem Holz zerstört, die Haut ist fleckig und von Kalk und Farben zerfressen. Er hat sein ganzes Leben auf Baustellen gearbeitet, Putz an die Wände geworfen, Stäbe fürs Betonieren zurechtgeschnitten und Holz für das Dachgebälk gesägt. Ich halte die Hand kurz, drücke sie. Ich fühle hartes zerknittertes Papier in der Hand. Papa machte mit solchem Papier Feuer unter dem Heizkessel, er riss von einem großen braunen Papierballen Streifen ab, rollte diese zusammen, knickte sie an einem Ende und zündete sie am anderen Ende an. Im Heizkessel knackte und rumorte es und ich hatte Angst, dass der ganze Kessel eines Tages explodieren und das ganze Haus in die Luft fliegen würde.

»Papa, siehst du den Springbrunnen?«, beginne ich. Meine Stimme verfängt sich, ich höre mich selbst kaum, so leise spreche ich. Die Wut war spurlos verschwunden, nur die Feigheit war geblieben. Ich bin nicht dazu fähig, auch nur einen einzigen zusammenhängenden Satz zu sagen. Vater schaut stumm aus dem Fenster, keinerlei Emotion im Gesicht, die Augen ganz leer. Der halbkreisartige Grundriss des Beckens, die Weide und die kurvigen Wege sind das Einzige, das an den lange zurückliegenden Moment erinnert, alles andere hatte sich geändert. Vater schaut mich an, blickt dann wieder zum Fenster hinaus, dann wieder zurück zu mir, er versteht nichts. Er war ins Leere gefallen und sein Anblick war hoffnungslos abgestumpft. Die Umstände hatten sich geändert, doch mich beutelte immer noch die gleiche Hilflosigkeit wie damals.

Kurz darauf kommt eine andere Schwester ins Zimmer, eine mir noch unbekannte, jung und energisch ist sie, vielleicht noch in der Ausbildung, in der Hand hält sie die Dokumentationsmappe. Sie ruft laut: »Stuhlgang gehabt?« Vaters Augen werden aufmerksam, in ihnen ist plötzlich etwas wachsames, als ob gerade diese Person für ihn die rechte Bedrohung war, die seine Grundinstinkte und Reaktionen wieder weckte. Für einen Moment überkommt mich eine ganz absurde Eifersucht auf die Schwester, die es mit einem einzigen dummen Satz geschafft hatte, in Vater irgendeine Emotion zu wecken. »Stuhlgang gehabt?«, fragt sie noch einmal laut und Papa drückt die Augenlider fester zusammen. Die Schwester, die es gelernt hat, auch solche subtilen Anzeichen zu lesen, schreibt etwas auf. »Wie oft? Und haben Sie gepinkelt?«, ruft sie und schreibt etwas auf. »Wie viel haben Sie getrunken? Eine kleine Flasche? Aber, aber, Sie sollten mehr trinken«, faucht sie ihn mit ihrem einfältigen affektierten Ton an wie ein Kind und Papa duckt sich unter der Bettdecke. Er versucht, sich abzuwenden, doch es gelingt ihm nur, unauffällig mit dem Kopf zu zucken. Auch ich habe es gelernt, subtile Anzeichen zu lesen, in einem Haushalt mit einem stillen Mann wird ein Kind sensibler und umsichtiger. Papa leidet.

Papa war ein Einzelgänger, ein einfacher aufrichtiger Bauarbeiter mit einer Grundbildung. Alles, was er wusste, hatte er sich selbst beigebracht, er kümmerte sich um alles selbst, beriet sich mit niemandem, fragte niemanden, ob er mal dieses oder jenes tun könnte, bat niemals jemanden um Hilfe und setzte darauf, dass er alles allein schaffte. Als er einmal einen zusammengerollten Teppich aus dem Haus zu tragen hatte, musste lieber ich mich mit ihm abquälen, als dass er den Nachbarn von nebenan gerufen hätte. Nur sehr selten hatte ich ihn im Gespräch mit anderen Leuten erlebt. Ich weiß nicht, ob er jemanden mochte, oder ob er Feinde hatte, ob er sich über irgendjemanden ärgerte. Ich weiß nicht, wie er sich in der Gegenwart von Frauen verhielt. Ich kann ihn mir nicht anders vorstellen als den Papa, der sich nach der Rückkehr vom Bau die Hände mit Creme einschmierte und dann mit einem großen Messer meine Bleistifte anspitzte. Ich kenne ihn am besten von hinten. Mit dem Gesicht Richtung Waschmaschine, mir den Rücken zugewandt. Mit dem Gesicht Richtung Kreissäge, mir den Rücken zugewandt. Mit dem Gesicht Richtung Spülbecken, mir den Rücken zugewandt. Im Bus auf dem Sitz vor mir. Auf der Straße zwei Schritte vor mir.

Er war immer eine absolut selbstständige Person, eine Einheit in sich, und jetzt auf einmal brauchte er permanent Hilfe, schaffte es nicht einmal allein auf die Toilette. Zwei oder drei Mal versuchte er, allein aufzustehen und zur Toilette zu schlurfen, doch immer fiel er hin und blieb halb ausgezogen auf dem kalten Boden zwischen den Türpfosten liegen. Er versuchte zu kriechen, er versuchte, nichts zu trinken, um gar nicht erst auf die Toilette gehen zu müssen, doch dann wurden die Flüssigkeiten mit einer Infusion gewaltsam in ihn hineingepumpt und das war noch schlimmer, denn der Infusionsschlauch war für ihn wie eine Kette und die Flüssigkeit rann wie im Strom durch ihn hindurch, direkt in die Windeln.

In die Windeln. Das Personal hat keine Zeit, die Patienten auf die Toilette zu begleiten, selbst wenn der gesundheitliche Zustand der Patienten es erlauben würde. Oder jeder Gang zur Toilette war eine komplizierte Expedition, da man zum Beispiel die Gravitation, die Angst oder auch die Scham überwinden musste, und der Toilettengang dauert selbst mit der aktiven Unterstützung einer zweiten Person mindestens eine halbe Stunde. Vater ist wie ein Schrank, mein einziger

Versuch, ihn aus dem Bett auf die Laufhilfe zu bekommen und dann weiter zur Toilette, endete mit einem Sturz, und weder ich noch jemand anderes hat sich das seitdem noch einmal getraut. Es ist schwer zu sagen, was erniedrigender ist, die Gegenwart eines anderen Menschen beim Entleeren auf dem Klo oder die an die Hilflosigkeit der Kleinkindzeit erinnernde Windel.

»Zeigen Sie mal?«, ruft die Schwester und hebt Papas Bettdecke hoch. Er hat nur ein langes Krankenhausnachthemd an, keine Hose. An den nackten Beinen hängt seine trockene blasse Haut, sein schlaffer Penis, und am Oberschenkel hat sich ein blauer Fleck ergossen, so groß wie zwei Handflächen. Seine Muskeln ziehen sich vor Scham zusammen. »Er ist schon kleiner«, stellt die Schwester fest, schaut von oben herab, mit Abstand, auf den Körper des Patienten. »Er ist wieder aus dem Bett gefallen, wissen Sie, und jetzt bekommt er immer solche blauen Flecke«, sagt sie viel leiser, das sagt sie vielleicht nur zu mir, so redet man mit Erwachsenen. Als ob Vater gar nicht da wäre. Als ob er taub oder völlig dement wäre. Doch ich bin mir sicher, dass er es hört und alles wahrnimmt, was um ihn herum geschieht. Auf dem Gesicht ist ein leichtes Zucken der Muskeln zu sehen. »Opa! Sie dürfen nicht allein aus dem Bett aufstehen, das dürfen Sie uns nicht antun!«, sagt die Schwester wieder laut und vorwurfsvoll, ihr Finger fuchtelt, die sterile Luft wellt sich mit dem Vorwurf auf. Dann lässt sie die Bettdecke herunter, dreht sich um und geht.

Papa bleibt nach ihrem Abgang völlig gelähmt, erniedrigt zurück. Ich halte ihn immer noch bei der Hand, seine Hand ist hart, die Muskeln sind angespannt. Mein Kopf ist plötzlich wie leergefegt, der Anblick von Vaters entblößtem, verletztem Körper hatte mich völlig aus dem Gleichgewicht gebracht. So sitzen wir da regungslos und gehen zusammen in Scham und Verwirrung unter. Nach einer Weile dämmert es mir wieder im Kopf und ich erinnere mich, dass ich mit Vater über etwas Wichtiges sprechen wollte. Ich erinnere mich an den Park und an den Springbrunnen, doch auf einmal kann ich mich in dieser Situation gar nicht zurechtfinden und kann das große Problem nicht finden, das ich da zuvor gesehen hatte. Die Situation aus der Vergangenheit ist wieder nur eine banale Episode.

»Papa ...«, sage ich, immer noch seine Hand in meiner haltend.

Das ist alles, was ich herausbringe, doch selbst diese Kleinigkeit kostet mich viel Kraft, mein Hals ist verkrampft, die Wörter bleiben in der mit Zähnen gewappneten stummen Falle stecken und ich spüre eine gewisse Enttäuschung. Ich bin von mir enttäuscht, von ihm, von der Schwester, die das zerbrechliche Gleichgewicht dieses Moments so grob verletzt hatte.

Ich bin enttäuscht wegen der Unfähigkeit, wegen der Entfernung, die nicht kürzer wird. Seine Zeit wird kürzer, doch nicht die Entfernung zwischen uns. In dieser Beziehung gibt es kein Gleichgewicht. Die Entfernung wird jetzt mit den Worten gemessen, die nicht ausgesprochen wurden. Die Zeit verrinnt, sie läuft unter der Zimmertür hindurch auf den Flur des Sanatoriums. Und draußen vor dem Fenster, vor der Tür, fließt eine andere Zeit, weniger zähflüssig, weniger angespannt.

Etwas später bewegt Vater seine Augen. Der dunkle glänzende Kreis, steckengeblieben zwischen den Augenlidern, wälzt sich in meine Richtung, lehnt sich an mein Gesicht, und ich habe das Gefühl, als ob Vater sich mit seinem ganzen Gewicht auf mich wälzt. Er möchte mir etwas sagen, kann aber die Lippen nicht bewegen. Ich erschrecke, was, wenn er wirklich spricht?

Die Tür öffnet sich wieder. In der Tür der Kopf der Schwester, die mich hierher geführt hatte. Ruhig und geduldig, die Haare unter eine Haube gesteckt, an den Füßen Filzpantoffeln, die den Eindruck vermittelten, dass sie über den Flur schwebt. Sie nickt, es ist Essenszeit, wir müssen ihn schonen, die Visite wartet im Nachbarzimmer.

»Melden Sie sich mal«, sagt die Schwester. Melden Sie sich mal? Ich stutze in Gedanken über diese Formulierung. Melden Sie sich mal – wie – schöne Grüße aus dem Urlaub?

Ich drücke ihm noch einmal die Hand, drücke ihm auch den Arm, glätte die Falte auf der Bettdecke, verlasse das Zimmer, laufe über den Flur, meine Absätze stoßen auf das hellblaue Linoleum und eine Schwester, die ein Tablett mit Gläsern trägt, dreht sich nach mir um. Ich atme erst draußen wieder, erst, als die Tür des Sanatoriums hinter mir zugefallen ist.

11

Anička wartete auf der Toilette, bis es zum Ende der ersten Stunde klingelte und danach noch eine Weile, bis sich die Flure füllten und sie sich unter die anderen Kinder mischen konnte. Vor Beginn der zweiten Stunde saß sie dann schon in ihrer Bank, als ob nichts geschehen wäre, ihre Hefte geöffnet, die Bleistifte angespitzt und auf die Frage ihrer Lehrerin, wo das Fräulein denn umhergestrolcht sei, antwortete Anička ohne Zögern, sie habe verschlafen, weil sie am Abend zuvor noch lange ihren Text geübt habe, und sie klimperte dabei beflissentlich mit den Augenlidern. Die Lehrerin hielt sie für ein bedauernswertes harmloses junges Ding aus einer rudimentären Familie und entschuldigte ihr mitunter das morgendliche Fehlen. Sie war nachsichtig, denn sie kannte ihren Vater, wenn auch nicht von den regulären Elternabenden. Und heute war der Tag, an dem sich alles um die Feier am Nachmittag drehte, auf den Fluren herrschte seit dem Morgen Chaos, die Lehrlinge aus den Nachbargebäuden machten auf den Fluren mit den Stühlen und anderen Möbelstücken Lärm, die Erstklässler kicherten und liefen zwischen den Möbelstücken herum wie von der Kette losgerissene Zirkustiere.

Die nächsten zwei Unterrichtsstunden saß Anička in ihrer Bank ab, sie schrieb etwas auf, zeichnete etwas, nahm aber nicht wahr, was um sie herum geschah. Die meiste Zeit schaute sie aus dem Fenster. Draußen vor dem Fenster wiegten sich die kahlen Äste der Bäume, Vögel versuchten, sich trotz des starken Windes auf die Äste zu setzen. Ihre Krallen zogen sich angeblich beim Aufsetzen sofort zusammen und hielten den Vogel fest, damit er auch in solch einer Position schlafen konnte. Und an den Jahresringen sind angeblich auch Jahre mit viel Regen sowie Trockenzeiten ablesbar. Ein Birnenbaum kann sogar bis zu hundert Jahren alt werden. Ebenso eine Krähe.

Ihr Bauch begann zu schmerzen. Sie hatte am Morgen vergessen, ein Frühstücksbrot zu machen und es einzupacken, und Papa hatte keins für sie hergerichtet, und so füllte stattdessen eine ungewohnt große Portion Angst und Nervosität ihren leeren Magen. Ihr Gesicht wurde vor Schmerz aschgrau, am Unterarm bildete sich Gänsehaut, doch Anička hatte Angst, dass man ihr den Auftritt nicht erlauben würde, und so hielt sie die beiden nächsten Unterrichtsstunden lieber aus und beschwerte sich bei niemandem. Sie wusste, dass sie es nicht zum Mittagessen schaffen würde, doch das wäre nicht das erste Mal, dass sie den ganzen Tag hungrig sein würde, und sie wusste, dass sie den Hunger am Nachmittag nicht mehr spüren würde, der meldet sich dann erst am Abend mit Krämpfen wieder. Das konnte man überleben. In der großen Pause verschwand sie leise aus der Schule und lief nach Hause, um Papa zu kontrollieren.

Die Tür war angelehnt. Auf dem Gang herumgeworfene Turnschuhe, Papas Gummischuhe, umgeworfene Flaschen. Feuchte Stufen.

Sie öffnete die Tür und blieb still zwischen den Flaschen stehen. Ihr Herz fing rapide an zu schlagen und ein Krampf schloss wieder ihren Magen. Sie schauderte, doch das, was mit ihr geschah, all die physischen Schmerzen und ihre Folgen, nahm sie nur am Rande wahr. Sie versuchte, anhand der Geräusche herauszufinden, was sich im Haus abgespielt hatte, während sie in der Schule gewesen war, doch das Haus war still und störrisch, es schwieg beleidigt.

In dieser schweren Stille fiel ihr plötzlich ein, dass sie nicht wusste, wo ihr Organzakleid geblieben war. Ohne das

Kleid konnte sie nicht auftreten. Hatte sie es am Morgen mit zur Schule genommen oder war es im Zimmer versteckt zu Hause geblieben? Wer hatte die Flaschen umgeworfen? Ihre Gedanken sprangen auf einmal von einem Problem zum anderen, ebenso hüpften ihre Augen über die Sachen, die sie im Blickwinkel hatte. Ein dunkler Fleck von irgendetwas, das in die Betonstufen hineingesickert war, die Form des Flecks erinnerte an ein Krokodil, es hatte ein offenes Maul und auch einen Schwanz mit Zacken, wie es sich für ein Krokodil gehörte. Die Türklinke am Ende des Flurs, die wie Konfetti aufleuchtete, als Anička unvorsichtig den Kopf bewegte. Der Flur, auf dem etwas fehlte, etwas, was dort viele Jahre gestanden hatte und vermutlich dort angewachsen war, doch in diesem Augenblick war es nicht dort und sie konnte sich nicht erinnern, was es war. Sie hörte auch nicht das gewohnte gedämpfte Surren des alten Gasboilers, sie hörte kein Geräusch außer ihren eigenen Atem, das Haus war plötzlich wie abisoliert, abgeschaltet von allen Netzen, die es mit der Welt dort draußen verbanden. Die Wände durchsichtbar. Nicht, dass sie gar nicht existieren würden, sie waren da, doch sie sah durch sie hindurch in die anderen Zimmer, alle Zimmer flossen zu einem großen Raum zusammen, alle Möbelstücke und alle Funktionen der Zimmer waren plötzlich in einem Zimmer mit einem komplizierten Grundriss zusammengedrückt. Die Eckbank von der Küche auf dem Bett, der Wäschekorb unter dem Tisch, die Gardinen bedeckten die Rohre im Heizungsraum. Hatte sie das Kleid getragen oder nicht? Falls sie es zur Schule mitgenommen hatte, hatte sie es im Klassenzimmer gelassen? Hatte sie Vater eingeschlossen, als sie zur Schule ging, oder nicht? Sie erinnerte sich jedoch daran, dass sie den Schüssel in der Hand gehabte hatte, den Schlüssel mit der Schnur. Sie erinnerte sich an den Spalt zwischen den zugezogenen Vorhängen und an das Licht, das im Wasserglas geschaukelt hatte. Und dann noch der Hirsch auf dem Bild, das Bild, das sie durch das Schlüsselloch angeschaut hatte, sie hatte den Schlüssel in der Hand gehabt und sie hatte das Kleid getragen. Dann hatte sie sich umgezogen. War zur Schule gelaufen. War zurückgekehrt, hatte aufgeschlossen, hatte abgeschlossen und war zur Schule zurückgelaufen.

Draußen auf dem Parkplatz bremste irgendein Auto scharf, Anička zuckte zusammen, hielt sich an der Wand fest, die nun wieder aus Ziegelsteinen war, mit einer undurchsichtigen Putzschicht überzogen, und sie stieg über eine leere Flasche. Den Schlüssel, mit dem sie die Eingangstür aufgeschlossen hatte, steckte sie in ihre Jackentasche, damit er nicht klimperte. Sie schaute in die Küche.

Nichts. Alle Gegenstände lagen an ihren gewohnten Plätzen, der kleine Schlüssel von Papas Zimmer auf dem Boden der Porzellanschüssel. Draußen vor dem Fenster die unbewegliche ausgebreitete Straße ohne Menschen, ohne Bewegung.

Sie nahm den Schlüssel aus der Schüssel und ging vorsichtig die Stufen nach oben. Papas Zimmertür war immer noch zu. Sie drückte ihr Ohr an die Tür und lauschte, doch hinter der Tür und auch im ganzen Haus hielt immer noch die Stille an. Ihre Gedanken rannten ständig zum vermissten Kleid. Sie wird sich beruhigen müssen und sich erinnern, was sie am Morgen gemacht hatte. Doch jetzt musste sie herausfinden, was mit Papa war. Sie blickte also durchs Schlüsselloch. Im Zimmer war irgendwie viel Licht, doch Anička konnte sich nicht erinnern, ob sie die Vorhänge zugezogen gelassen oder ob sie sie beim Weggehen aufgezogen hatte. Der ganze Morgen floss für sie in einer Schliere zusammen und sie begann schon etwas an der Idee mit dem Schlüssel zu zweifeln.

Doch Papa einzuschließen, bis er nüchtern war, und ihm den Zugang zu weiterem Alkohol zu verhindern, das war das Einzige, was ihr eingefallen war.

Die Bettdecke lag auf dem Boden und der Hirsch blickte würdig und wachsam vor sich hin, die Ohren aufgestellt, die Nüstern zitternd, vor dem Maul eine kleine Dampfwolke. Das Bett war leer, wenigstens sah Anička durch den schmalen Spalt niemanden. Behutsam steckte sie den Schlüssel ins Schlüsselloch und schloss das zweimal zugeschlossene Schloss auf.

Das Zimmer war leer. Natürlich war es nicht leer, dort standen und lagen viele Sachen herum, ein zertrümmerter Stuhl, das Glas, Wasser, Kleidung, eine Angel mit einem abgerollten Silonfaden, Kisten, Zeitungen, ein Stück eines schmalen Metallstabes für den Bau, Kissen. Alles auf den Boden geworfen. Es war kalt im Zimmer und die Vorhänge bauschten sich unter den Windstößen auf. Der Schrank war geöffnet und verrückt, der Teppich unter dem Schrank gewellt. Ihren Vater sah sie nicht, obwohl es ihr im ersten Moment schien, dass er auf den Boden inmitten der Unordnung lag, und da fing ihr Herz so stark an zu pochen, dass sie es bis in den Kopf hinein spürte. Doch es war nicht Vater, sondern nur ein Pullover, ein Kissen und irgendein mit Schlamm beschmierter Arbeitshandschuh.

Sie zog die Gardine beiseite, reckte den Hals und lehnte sich aus dem offenen Fenster. Der Boden draußen vor dem Fenster war mit Betonplatten verschiedener Formen ausgelegt, die Papa von den Baustellen mitgebracht hatte, und zwischen den Platten wuchs das Gras zu einem komplizierten Ornament. Auf den Platten große Glassplitter von einem zerschlagenen Einweckglas und Zigarettenkippen, in die Ecke gewehtes rötliches Laub vom Birnbaum, an dem die

Schnur für die Wäsche festgebunden war. Unter dem Fenster lag Papa nicht.

Aničkas Augen schlängelten die Schnur entlang, übersprangen einige farbige Klammern, krochen über die Wurzeln des Birnbaums hinunter zum Gras, das es noch nicht geschafft hatte auszutrocknen, unterm Apfelbaum entlang bis zu irgendeinem Fleck am hinteren Zaun, den sie nicht identifizieren konnte. Hinter dem Zaun war das Gelände irgendeiner Firma und dann weiter dahinter die Straße, Häuser, Gärten, der Laden, der Kindergarten, der Kiosk, aber auch Gräben, Risse in der Erde, freigelegte Kanäle, schnelle Autos, Diebe, Mörder, die Kneipe und in der Kneipe Alkohol, viele Liter Alkohol. Papa war verschwunden, sie sah nicht einmal seine Fußspuren im Gras, nichts, was ihr einen Hinweis hätte geben können, wohin er vielleicht verschwunden war. Ihr wurde übel vor Angst, ihre Hände begannen zu zittern.

Sie schloss das Fenster und zog die Vorhänge zu, sammelte einen Haufen Sachen vom Boden auf, die Angel und auch den Metallstab vom Bau lehnte sie an die Wand, die zerhauenen Teile des Stuhls ließ sie auf der Erde liegen. Wohin damit sonst?

Sie schaute ins Nachbarzimmer, wo Papa alles aufbewahrte, was man irgendwann noch gebrauchen konnte, doch auch dort war er nicht. Er war nicht in ihrem Zimmer, nicht im Bad, nicht im Heizungsraum und auch nicht in der Küche. Sie ging durch die Hintertür in den Garten und genau wie am Morgen, als sie die saubere Kleidung abgenommen hatte, zog sie seine riesigen abgeschnittenen Gummistiefel an und lief quer durch den Garten bis zum hinteren Zaun. Die Flecke, die sie aus dem Fenster im ersten Stock gesehen hatte, waren in Wirklichkeit von der Leine gerissene Kleidungsstücke, zwei noch feuchte T-Shirts von Papa und ein Hemd, die sie am Morgen dort hängen lassen hatte. Sie hob alles auf und hängte die Kleidungsstücke wieder über die Schnur.

Dann ging sie zum Zaun, kletterte auf einen Haufen Bahnschwellen, die Papa zum Bau irgendeines Vordaches verwenden wollte, schob die dichten Büsche zur Seite und beobachtete aufmerksam das Gelände der benachbarten Firma. Baumaterial, Abfall, Anhänger, Fässer, doch kein Papa, das Tor zu den Lagern geschlossen, kein Mensch war zu sehen. Sie kehrte also nach Hause zurück und schaute noch einmal in jedes Zimmer, hatte dabei auch ihre verlorene Plastiktüte mit dem Kleid im Kopf. Im Flur zog sie ihre Schuhe an und ging aus dem Haus. Sie schloss nicht ab, was, wenn Papa zurückkam?

Einen Moment blieb sie unentschlossen vor der Tür stehen. Nebel zog langsam auf. Ein einsames Auto fuhr die Straße entlang, in irgendeinem Garten in der Ferne bellte ein Hund. Sie zog sich die Kapuze über den Kopf und ging diesem Geräusch nach, irgendwie intuitiv, ohne genaues Ziel. Der Hund bellte nicht mehr, doch das machte ihr keine Sorgen, ihre Füße trugen sie schon von allein, sie hatten das Kommando verstanden, sie hoben und senkten sich, die Gelenke winkelten sich an, die Sehnen strafften sich so, dass sich ihr Körper auch trotz des leeren und verwirrten Kopfes vorwärts bewegte.

12

Dem Nachbarn, mit dem wir den Zaun unseres hinteren Gartens teilten, hatte ich heimlich den Spitznamen Präsident Kaczynski gegeben, da er dem polnischen Präsidenten ähnlich sah. Er und seine Frau wiederum waren inzwischen wie eineiige Zwillinge geworden. Im Laufe der vielen Jahre, die sie nebeneinander verbracht hatten, ähnelten sie einander immer mehr – er wurde mit der Zeit sanfter und schwächer und sie dünner und ihr Gesicht wurde härter. Nach ihrem Tod kümmerte sich Kaczynski auch weiterhin vorbildlich allein um den großen Garten hinter dem Haus, um den Blumenvorgarten und um das Haus selbst. Er band die rankenden Rosen fest, düngte die Hortensien mit blauem Vitrinit, damit sie blaue Blüten bekamen, beschnitt die Obstbäume, setzte Sommerblumen. Jeden Morgen ging er ganz früh mit seiner Plastiktüte in den Laden und dann malte er naive slowakische Landschaftsbilder. Mitunter wechselten wir ein paar Worte über den Zaun, doch ich mied meist unseren verlassenen Garten.

Dann kam sein Sohn aus dem Ausland zurück und zog ins Haus ein. Auf den Reisen hatte er etwas Geld gespart, er schaffte sich ein Auto an, eine Frau, ein Kind und zwei Wolfshunde und mit dieser Ausstattung begann er voller Elan das Haus zu rekonstruieren. Kaczynski blieb in einem Zimmer wohnen, stopfte dort seine Möbel, die Pflanzen, das Geschirr und auch die Bilder, alle Dinge, die er nicht verlieren wollte, hinein. »Warum werfen Sie das nicht weg? Für Sie reichen doch auch zwei Stühle«, fragte ich ihn, »dann können Sie in diesem Zimmer besser atmen, Sie werden wenigstens das Fenster öffnen können, stellen den Blumenständer auf und hängen die Bilder an die Wand. Wenn Sie wollen, helfe ich Ihnen«, bot ich ihm an. »Das alles sind unsere gemeinsamen Sachen«, sagte er, »diese Stühle haben wir nach der Hochzeit gekauft. Wenn ich zwei wegwerfen würde, was mit den anderen vieren? Die Stühle wären doch nicht komplett. Diese Vase habe ich meiner Frau geschenkt, als sie vierzig wurde, dieses Tischchen dort in der Ecke haben wir aus Holland mitgebracht, stellen Sie sich vor, die Holländer stellen einmal im Monat nicht mehr gebrauchte Sachen auf die Straße und wer möchte, kann sie sich nehmen. Und niemand sammelt diese Sachen über Nacht ein, im Dunkeln, das geschieht alles schön am Tag und niemand schämt sich dabei.« Dann schwelgte er ganz in seinen Erinnerungen und beschrieb die Umstände, die ihn und seine Frau zu jedem einzelnen Sperrmüllstück geführt hatte.

Kaczynskis Sohn trug gleich nach seiner Rückkehr Baumaterial in den Garten und ließ die Hunde los. Damit alles Platz hatte, holzte er den Aprikosenbaum ab und die Kübel mit den Zitrusgewächsen, die auf den sonnigen Treppen und im Winter in der verglasten Veranda gut gediehen waren, trug er in die schmale dunkle Lücke zwischen unseren Häusern. Die Hunde sind ungepflegt und bösartig und sie machen auf dem gesamten Grundstück, also auch auf den Treppen, im Gang und zwischen den Blumen Dreck. Binnen kurzer Zeit hatten sie die Tulpenzwiebeln ausgebuddelt, die Wurzeln der Ziersträucher im Vorgarten untergraben, die Sommerblumenbeete am Zaun entlang niedergetreten, und somit den gesamten Garten verwüstet. Manchmal kommen irgendwelche Arbeiter und legen im Garten weiteres Material ab, an einer Wand haben sie sogar ein Gerüst aufgestellt, doch die Bauarbeiten gehen langsam voran.

Wenn Kaczynski morgens zum Laden geht, springen und kläffen die Hunde ihn an, sie lassen ihn nicht zum Tor. Er schlurft langsam voran, umgeht den Hundekot, der im Staub, in ausgegrabenen Gruben, auf der Treppe und auch auf dem Weg liegt, und schlägt mit einem Stock um sich. Sie kläffen, bis er außer Sichtweite ist. Genau um diese Zeit klingelt mein Wecker und somit weiß ich, dass sich diese Szene jeden Tag wiederholt. Ich bat meinen Nachbarn, er solle seinem Vater doch wenigstens eine kleine Liebenswürdigkeit erweisen und die Hunde für die Nacht anleinen. Ich könne sie ja zu mir holen, wenn ich wolle, meinte er nur. Die Hunde brauchen Auslauf.

Kaczynski fragte mich später zögernd, ob ich nicht ein paar Blumenzwiebeln haben wolle, wo doch unser Garten so ungenutzt sei. Wenn ich sie schnell in die Erde setzte, schafften sie es noch zu wurzeln und einige würden auch noch aufblühen. So steckte ich einige Zwiebeln im Vorgarten in die Erde und bekam gleich am nächsten Tag von ihm Nachschub. Als Nächstes gab es einen Pfingstrosenbusch und dann Ziersträucher mit schon fast ausgetrockneten Wurzeln, die wir gemeinsam ausgegraben hatten, als sein Sohn nicht zu Hause war. Die Hunde hatten wir in den Hausflur gesperrt und während wir mit Mühe mit den Gabeln die untereinander verworrenen Wurzeln heraushebelten, zerfetzten die Hunde die Teppiche.

Ich kaufte mir einen neuen leichten Spaten und eine kleine Schaufel zum Umsetzen der Pflanzen. Ende August, als es etwas kühler wurde und die Erde vom Sommerregen feucht war, siedelten wir alle noch lebenden und kostbaren Pflanzen in unseren sicheren Garten um. Die Kübel mit den Zitrusfrüchten stehen vorerst in meinem Zimmer, Dutzende nun von mir betreute Blumenzwiebeln überwintern im Keller in kleinen Kisten voller Sand oder Zeitschriften, ebenso die Geranien und irgendwelche welken Knollen. Die Sträucher sind vorübergehend im hinteren Teil des Gartens eingegraben, wo es am wenigsten von Vaters Unordnung gibt. Kaczynski ist sichtbar zufriedener und sagt, dass ihn weder das verwüstete Haus noch der Garten bedrücken, denn er weiß, dass alle Pflanzen, die seine verstorbene Frau gesetzt hatte, in Sicherheit sind, und wenn ihre Zeit kommt, säen die Pflanzen ihre Samen in gesunde Erde und sichern sich somit ihr Erbe. Anstelle des Hackens im Garten malt er nun Bilder und geht spazieren. Sein Sohn wartet darauf, dass sein Vater stirbt, damit er aus dessen Zimmer ein Kinderzimmer für seinen Sprössling machen kann, das Haus war schon auf ihn selbst umgeschrieben.

Jakub spielt manchmal im Garten im provisorischen Sandkasten, zusammengehämmert aus vier Brettern, schiebt eine Schubkarre unter den Bäumen entlang, einen Rechen hat er auch dabei, am Birnbaum hängt seine Schaukel. Vor der Tür zum Garten habe ich mit der Harke Kies breitgezogen, damit wir keinen Schlamm ins Haus hineintragen. Die Bäume sind dicht, aus den dicken Ästen waren junge Sprosse herausgeschossen, die müssen beschnitten werden, damit sie erneut gebären. Die alten Apfelbaumtriebe mit einer dicken Rinde, die halten im Keller den ganzen Winter durch. Trockene Äste, abgebrochen unter der eigenen Last, sammeln sich auf einem Haufen an, die müssen verbrannt werden. Kaczynski sagt, es reiche aus, mal einen radikalen Gesundheitsschnitt zu machen und die Bäume im Garten werden dann weitere zwanzig Jahre fruchtbar sein. Für einen radikalen Gesundheitsbeschnitt braucht man aber eine feste Hand, am besten vier Hände, die einander die Werkzeuge reichen und die Leiter halten, damit man nicht herunterfiel, doch momentan habe ich gar nichts dieser Art. Vielleicht später, wenn Vater gestorben ist, dann beschneide ich die Bäume und lasse einen Container vors Haus stellen. Und ich werfe alle nicht mehr funktionierenden Dinge weg. Ich haue den Putz ab und zersäge alles alte, einschließlich den Türrahmen aus Stahl und die elektrischen Leitungen. Jetzt habe ich dafür noch keine Courage und der Türrahmen aus Stahl hält gut, wenn man etwas zum Anlehnen braucht.

13

Sie betrat die Kneipe, in der Papa öfter auf dem Heimweg von der Baustelle oder manchmal auch vor der Schicht einkehrte. Die öffnete schon um sechs Uhr morgens und das lohnte sich.

Sie blieb gleich hinter der Tür stehen, in dem Raum mit einer niedrigen Decke und mit Wänden, die mit glänzenden Holzplatten bedeckt waren. Gegenüber der Tür der leere Ausschank, zwei Fasshähne, der permanent eingeschaltete Fernseher und ein Wasserstrahl, der ins Abwaschbecken floss. Vier oder fünf Tische mit grünen Tischdecken, auf einem Tisch schimmerten Gläser voll goldenem Bier, das Licht des einzigen Fensters fiel darauf. Der Spielautomat klingelte in regelmäßigen Abständen, um daran zu erinnern, dass er auf Futter wartete. Anička kannte das Geräusch, mitunter ging sie in die Kneipe, zeigte sich in der Tür, so dass Papa sie sah und wusste, dass er schon zu Hause sein sollte, dass der Heizkessel kalt geworden war oder dass er etwas von der Schule zu unterschreiben hatte. In der Kneipe regierte eine stattliche Frau mit groben Händen und melierten Haarsträhnen. Sie war kompromisslos, was die Öffnungszeiten betraf, doch nachsichtig gegenüber Nichtzahlern. Die Frau kannte Anička, sie lud sie immer auf eine Kofola ein, die Anička immer ablehnte, sie fragte nach der Schule, nach den Noten, nach den Jungs. Die Stammgäste kannten sie auch, verstanden dieses Gerede aber nicht, hatten ihre beschränkte Welt, ihre Themen, und diese Sprache war Weiberzeug, das gehörte zu einer anderen linguistischen Gruppe.

Anička schaute sich aufmerksam im Raum um, suchte eher die Kneipenbesitzerin als ihren Papa, Papa hätte sie gleich entdeckt, er hatte seinen Stammplatz, saß immer auf dem hohen Hocker an der Bar. Sie trat von einem Bein aufs andere, hielt die Tür dabei und die Kerle blickten sie stumpfsinnig an. Sie hatten schon einen drin und Aničkas Ankunft zerriss den Faden ihrer mühselig gestrickten zusammenhängenden Gedanken.

Als sie schon wieder gehen wollte, öffnete sich die Toilettentür und die Kneipenbesitzerin kam rückwärts heraus. Alle Kerle drehten sich mit einem stummen Vertrauen zur Wirtin hin – diese Situation mit dem Mädchen musste geklärt werden, man musste zum ursprünglichen Zustand des männlichen Zusammenhalts und der glückseligen Abstumpfung zurückkehren und paradoxerweise konnte Weibergerede dabei helfen.

»Na, mein Mädchen«, brummte die Wirtin, während sie sich die Hände an den schwarzen Leggins, in denen ihre dicken Oberschenkel steckten, abtrocknete. Es gelang ihr immer recht gut, die Ankömmlinge und die Situationen, die diese in die abgeschottete und spezielle Welt der hoffnungslosen Alkoholiker und Verzweifelten mitbrachten, gleich zu erfassen. »Papa war nicht hier?«, fragte Anička. – »Mädchen, lass mal Papa und lauf du zur Schule. Das wird das Beste sein«, sagte sie und stellte sich vor das Pult. »Wohin ist er gegangen?« Anička ließ sich nicht abwimmeln, doch die Wirtin schüttelte nur den Kopf und wiederholte, sie solle zur Schule laufen. Die Stammgäste nickten allwissend zustimmend und mischten mit trüben Augen das Bier in ihren Gläsern. Die Wirtin ging wieder hinter das Pult und drehte das Wasser ab, das die ganze Zeit über den Ausschank geplätschert war, in den Rohren gluckerte und die Vergeblichkeit dieses ganzen Auftritts bestätigte.

»Nun lauf schon, Kleine!«, sagte sie, nun brüsk, noch einmal und machte sich daran, das nasse Pult abzuwischen. Die

Kerle rührten sich gar nicht, damit sie ihnen ja keine weitere Frage stellte, damit sie sie, mein Gott nochmal, nicht aufhielten, doch Anička war es völlig egal, was mit denen war, die verflossen für sie mit der Wand und der Tischdecke. Der Spieleautomat piepte, Anička drehte sich um und verließ die Kneipe.

Sie ging weiter die Straße entlang bis ans Ende zur Bushaltestelle, zum großen Parkplatz, wo einige Busse wendeten und wieder zurück in die Stadt fuhren. Sie setzte sich auf die Bank unter dem Dach der Haltestelle, krümmte sich zusammen und seufzte. Er konnte wer weiß wo sein. In einer anderen Kneipe, doch in welcher? In dieser Straße gab es noch sechs, in der ganzen Stadt mindestens fünfzig. Auf der Baustelle, doch auf welcher? Sie wusste nicht, auf welcher er gerade arbeitete, manchmal arbeitete er auf mehreren gleichzeitig, manchmal in der Stadt, doch noch öfter außerhalb. Und manchmal auch einen Monat oder zwei auf keiner, doch das erzählte er ihr nicht. Morgens hielt vor dem Haus immer ein Auto, ein Auto mit verblichener Farbe und mit von Mörtel und Staub schmutzigen Bezügen, im Kofferraum Werkzeug, Holz, Polystyrolplatten. Im Fond saßen noch andere von der Partie in Arbeitsanzügen und Steppjacken, große Kerle, aneinandergedrängt, das Fenster zwei Zentimeter heruntergelassen, damit man während der Fahrt die Asche von den Zigaretten durchs Fenster abklopfen konnte. Wenn das Auto nicht kam, ging Papa auch so zu Fuß irgendwie zur Arbeit und kam irgendwie von der Arbeit zurück, doch in Wirklichkeit trieb er sich irgendwo herum und Anička ahnte das, denn er kam in sauberer Kleidung zurück.

14

»Hanka, kann ich bei dir vorbeikommen? Ich bin unterwegs und … Ich habe nur kurz Zeit …« – »Natürlich«, sage ich so leise, dass ich mich selbst kaum höre. Mein Herz klopft mir bis zum Hals und das Klopfen echot von den Wänden des vor Überraschung erstarrten Körpers. »Ich warte auf dich. Ich habe Zeit.« Dann eine lange Stille auf der anderen Seite. Diese Stille ist nahezu materiell, zu dick und sie vibriert. Ich blicke aus dem Fenster, auf dem kleinen Hof wirbelt Laub zwischen den Blumentöpfen herum, mein Blick verschwimmt für einen Moment, aus dem Laub wird nur eine gelbe bewegliche Schliere, auch alles im Kopf ist verschwommen und unklar. »Natürlich … Woher kommst du denn? Wohin fährst du?«, frage ich, schärfe meinen Blick wieder und fixiere ihn auf einen Punkt, auf einen der schwarzen Aschenbecher, die zwischen den Blumentöpfen abgestellt sind. Der Wind zerrt Zigarettenkippen und Asche aus ihnen heraus, die Kippen wälzen sich gemeinsam mit dem Laub auf dem Boden des Hofes herum. Ich möchte ihm das sagen, möchte ihm beschreiben, was ich sehe, doch er hat schon aufgelegt. Er ist auf dem Weg. »Es ist doch egal, wohin ich reise«, hatte er gesagt. »Ich möchte dich damit nicht belästigen.«

Es ist halb drei. Die Feier beginnt um vier. Die Zeit verfliegt plötzlich ganz anders als vor dem Telefonat. Alle im Büro wissen, dass ich heute früher gehen muss. Ich räume den Tisch auf, hefte die Papiere in Ordner ab, verschwinde leise, die Kollegen haben die Klienten untereinander aufgeteilt und niemandem fehlt mein Gruß, da ist nur das kurze Kopfnicken des Anwaltes, der mir in der Tür begegnet. Die Zeit lässt sich nicht überlisten, jedes Zögern und jede Störung, jeder Fehler kann eine Verzögerung verursachen, und selbst die kleinste Verzögerung kann eine Lawine von Problemen an allen Fronten ins Rollen bringen. Kann, aber muss nicht, doch wir wollen weiteren Problemen um jeden Preis ausweichen, so gehen wir zum Monatsende innerhalb unserer kleinen Gesellschaft zu einem Kommunikationsminimalismus über. Kein Klatsch, keine morgendlichen Beschwerden über Stau und verspätete Züge, keine persönlichen Angelegenheiten, nur die Arbeit. Gedämpftes Geplauder, kurzes Klingeln der Telefone und das Rascheln des Papiers, die stille Harmonie aller Teile einer gut abgestimmten Maschine, in die geplagte und verwirrte Leute einsteigen, dort ihre schwer lädierten Leben abladen und warten, dass der Angestellte sie wieder herrichtet.

Ich spüre eine gewisse Angst. Zugleich bin ich froh. Ich spüre Angst und Sehnsucht, sie vermischen sich wie die Kippen mit dem Laub unten auf dem kleinen Hof. Ich gehe über den Flur, die Treppe hinunter, lasse die Klienten, die Papiere und das Neonlicht hinter den Türen zurück. Draußen zerrt der Wind an den Reklameständern und er reißt trockene Äste von den Bäumen. Ich blicke in mich hinein und krame in meinen Innereien herum, so wie man mit einem Feuerhaken in der noch glühenden Kohle herumschürt. Ich verfolge, was dort geschieht. Mitunter springt ein Funke heraus, mitunter zischt es dort. In mir herrscht ein schwindelerregendes Gefühl der Freude angesichts der unerwarteten Überraschung. Die Angst verbrennt letztendlich wie glühende Kohle in der Brustkorbhöhle. Meine Intuition flüstert mir etwas zu, doch ich bin heute diesbezüglich irgendwie nicht des Lesens und Schreibens kundig. Irgendetwas geschah gerade in diesem Auto, das die Autobahn entlangeilte, ich hatte es zwischen den Worten gehört, in der zu langen Stille. Es ist fünf nach halb drei. Mir bleiben eine Stunde und fünfundzwanzig Minuten, die fünfundzwanzig Minuten werde ich für die Fahrt nach Hause brauchen, zur Schule meines Sohnes. Heute ist es am allerwichtigsten, dass ich pünktlich zur Schule komme. Damit er mich im Zuschauerraum sieht, wenn er das Podium betritt, damit sich unsere Augen treffen. Dieser Anblick wird ihn von innen stärken und er wird sowohl den Mut als auch einen Grund haben, aufzutreten und seine Rolle zu spielen.

Als er fünf Jahre alt war, erzählte er mir fast jeden Morgen, welchen Traum er hatte. Er erinnerte sich an den Ablauf und an die Details und wunderte sich über keins der Geschehnisse, die er im Traum erlebte. Er wunderte sich nicht darüber, dass er in diesen Träumen im Schlaf reiste, dass er merkwürdigen Halbtieren und Halbpflanzen begegnete, dass er im selben Moment zugleich Protagonist, Zuschauer und auch die Leinwand war. »Wie siehst du den Traum? Was denkst du, wie ist es möglich, dass du träumst? Und dass du dich dort selbst siehst?«, fragte ich ihn. »Also. Wenn ich schlafe, dann kehren sich meine Augen nach innen und ich sehe das, was ich drinnen habe. Im Kopf«, antwortete er ohne Zögern, mit aufrichtiger, entwaffnender Selbstverständlichkeit.

Kurz zuvor hatten wir uns eine Enzyklopädie über den menschlichen Körper angeschaut, in dem der menschliche Körper aufgeteilt und bis auf die Knochen alle Schichten der Haut und der Muskeln abgetragen waren. Er studierte ganz genau die Organe, die Gefäße, die Zellen und auch das Auge. Die glatte bemalte Kugel, die sich ihm zufolge hinter den geschlossenen Lidern um hundertachtzig Grad drehen und verfolgen kann, was innen ist. »Wie denn sonst kann man Träume sehen? Wie denn sonst, Mami?«

Genauso rolle auch ich die Augenmurmel nach innen und verfolge, was in meinem Inneren vor sich geht.

Auf dem Weg spule ich in der Erinnerung noch einmal unser Telefongespräch ab, wenn man dieses überhaupt als solches bezeichnen kann. Unbeendete Sätze und Fragen ohne Antworten, doch die Information war übermittelt und verstanden worden. Das nennt man Übereinstimmung. Ich ergänze im Geiste die Antworten, doch es gibt viele Variationen und ich habe nichts, worauf ich mich stützen kann, alles nur Hypothesen. Muss ich wissen, woher er kommt und wohin er fährt? Die Antworten brauche ich einzig dafür, um das Gefühl zu haben, dass ich unsere gemeinsame Welt unter Kontrolle habe, dass irgendeine gemeinsame Welt überhaupt existiert – gibt es denn zwei Mengen, die sich überschneiden und aus denen eine gemeinsame Menge entsteht, wobei diese gemeinsame Menge größer ist als die beiden einzelnen für sich? Warum hatte er auf meine banale Frage so ausweichend geantwortet? Unbeantwortete Fragen erzeugen weitere Fragen, sie vermehren sich wie Bakterien durch eine binäre Teilung. Das Geschwulst in meinem Kopf wuchert, und ein Problem, welches vielleicht gar nicht existierte, wächst in der Stille und angesichts der Unmöglichkeit, es sofort und ohne Aufschub zu lösen, es bildet Metastasen. Wenn er mir auf solch eine banale und natürliche Frage nicht antworten kann, wird er mir dann die schwierigen und dringlichen beantworten? Ich schüre wieder meine innere Glut und sehe, wie in mir die Wut wächst. Ich fühle mich um etwas betrogen und um etwas bestohlen, das mir gehört. Um Vertrauen und Ruhe, um Informationen, die vielleicht banal sind, doch für mich sind auch banale Informationen wichtig, mir ist jedes Wort wichtig, an das ich anknüpfen kann, um daran wiederum anzuknüpfen und immer so weiter.

Deshalb diese Nervosität, das Herz in Vorahnung klopfend, wild und unregelmäßig. Ich ziehe das Telefon aus der Tasche und tippe die Nummer, doch das ist nur eine leere Geste, die meine Hände beschäftigt, denn ich weiß schon vorab, dass ich nicht anrufe. Was sollte ich ihm sagen? Was sollte ich ihn fragen? Wohin geht deine Reise und woher kommst du? Damit würde ich mich noch misslicher und verlassener fühlen.

Ich wollte nur etwas plaudern und nicht meine Gedanken aus Zeitgründen in wichtige und unwichtige aufteilen. Ich hätte gern unendlich viel Zeit für geistloses Gerede, das aus Beziehungen eine leichte weiche Watte macht und den Raum zwischen den Verpflichtungen ausfüllt wie Seifenblasen. Ich denke an eine Klientin, die mir immer lang und breit von der Peristaltik ihrer Därme erzählte, oder von der Naht an ihrer Hose, die einen halben Zentimeter verzogen war, was sie aus dem Gleichgewicht brachte und sie regelrecht peinigte, denn eine andere schwarze Hose hatte sie nicht und zur Beerdigung musste sie eine schwarze tragen. Sollte sie wenigstens, sagte sie und lachte dabei los, denn sie wusste, dass ich wusste, dass sie gar nicht trauerte, sie tat ihrer Familie gegenüber nur so, damit die Verwandten ihr etwas vom Erbe überlassen würden. Die war ein Arschloch, sie terrorisierte uns, doch was war das schon im Vergleich zu einer schlecht genähten Naht.

Die Stadt ist wie ausgewechselt. Während ich im Büro gesessen hatte, war die Sonne herausgekommen, die struppigen Köpfe des aufgeblühten Ziergrases, gepflanzt in Beeten um den Platz herum, waren getrocknet und wiegten sich ungeachtet meiner Wut übermütig von einer Seite zur anderen. Kaugummipapier und Schalen von verzehrten Esskastanien fliegen in der Luft, die sich erwärmt hatte, herum. Ich gehe durch die schmale Gasse zwischen den Häusern hindurch, finde die Haltestelle, warte, zittere am ganzen Körper, habe kalte Hände, doch mir ist nicht kalt, ich zittere nur vor Angst. Kurz darauf hält an der Bordsteinkante ein Auto, ich steige ein, schließe die Tür, hinter dem Auto bremst schon ein Bus. Während wir noch in der Stadt sind, beherrsche ich mich, drehe den Kopf weg und blicke nach draußen. Ich spiele etwas auf Taktik, täusche Desinteresse vor, wo ist sie bloß geblieben, die unkontrollierte kindliche Spontaneität. Wir passieren alte unbenutzte Betriebshallen mit eingeschlagenen Fenstern, vom Regen verwaschene unlesbare Aufschriften auf Mauern und Dächern. Das Gleis läuft neben der Straße entlang, die aus der Stadt hinausführt, Gebäude, Zäune, Pfähle, verzweigte Gleise führen zu zwei Paar Gleisen zusammen, dann zu einem, es gibt hier weniger Gebäude, die leeren Flächen dazwischen werden größer. Wir holen einen Regionalzug ein, ich lege meine Hand auf seine, fühle darunter den harten abgerundeten Ganghebel. Er bewegt sich unauffällig und legt seinen Daumen über meinen. Die Verbindung ist geknüpft, der Saft strömt in beide Richtungen. Ich weiß, dass er gelächelt hat, er hatte mich angesehen, meine Wut ist gebrochen, die Sehnsucht gelöst, doch ich lasse meine Augen nicht von dem Zug los, der jetzt mit gleicher Geschwindigkeit so nah neben uns fährt, dass ich die Gesichter der Leute im Abteil erkennen kann. Eine Frau, ein herumspringendes Kind, zwei Männer. Ein leerer Sitz am Fenster.

Die Straße windet sich plötzlich und koppelt sich von der geraden Bahnlinie ab. Der Zug wird kleiner, und wenn ich ihn weiter verfolgen wollte, müsste ich durch das Rückfenster schauen. Er lacht auf und reibt meinen Daumen, er gibt Gas, das Auto dröhnt etwas vor Mühe, doch als er in den nächsten Gang schaltet, läuft es wieder ruhig. Wir haben die

Stadt verlassen, die Straße wird schmaler, hinter einem Dorf geht es dann leicht bergauf. In ein paar Gärten brennen Feuer, der Wind schiebt den Rauch über die aufgeweichten Felder. Es sind zehn, vielleicht fünfzehn Minuten vergangen. Vielleicht noch mehr, doch ich verbiete mir selbst, an die Zeit zu denken, wir haben ja noch genügend Zeit. Ich denke an Slalomläuferinnen, die die zweihundert Meter lange steile Abfahrt mit einem Unterschied von Hundertstelsekunden hinabfahren. Wie können die ihr ganzes Leben lang so hart trainieren in dem Bewusstsein, dass der Erfolg in einer einzigen Hundertstelsekunde liegt? Wie können so verschiedene Personen und so unterschiedliche Körper solch eine nahezu verblüffend identische Leistung vollbringen?

Wir fahren durch ein weiteres Dorf, ich versuche, nicht auf das Armaturenbrett zu schauen, auf die zwei Punkte, die zwischen den digitalen Zahlen aufleuchten, so irrt mein Blick mit dem abgewandten Kopf ständig über verschiedenfarbige Zäune. Ich spüre seinen Blick auf meiner Wange. Gerne würde ich ihn umarmen, sofort anhalten, ihn gleich umarmen, nicht erst hinter dem Dorf. Ich schiebe meine Finger unter sein Hemd, messe ab, taste ab, als ob ich mich davon überzeugen wollte, dass alles an seinem Ort war, dass es der gleiche Körper ist wie vor zwei Wochen, der gleiche Mensch, die gleiche warme, offene und großzügige Seele. Ich erinnere mich an jeden Zentimeter, an jede kleine Grube, an den Duft verschiedener Körperteile. An die Haut, die Knochen, die Falten, die Temperatur. Meine Finger erinnern sich und wenn sie genau das finden, was sie in der Erinnerung haben, dann bin ich ruhig und zufrieden, die Angst löst sich in der angenehmen Benommenheit von der körperlichen Berührung langsam auf, und unter dem Einfluss dieser Benommenheit scheinen auch alle dringenden Fragen überflüssig zu sein. Ich fühle mich wie ein kleines Kind, wie mein Sohn, in meinem Bett schlafend, mit ausgebreiteten Armen und entblößtem Bauch, verletzbar und zerbrechlich und doch friedlich.

Hinter dem Dorf ist die Straße beschädigt, sie windet sich zwischen großen Gärten und zwischen den schmalen langen Streifen unterteilter Felder entlang, dann passieren wir eine Art Tor, das von spärlich rechts und links gepflanzten Fichten gebildet wird, und hinter diesem Tor erwartet uns eine ganz andere Landschaft. Keine Straße mehr, sondern nur noch zwei ausgefahrene Fahrrinnen, die sich durch einen Tunnel dichten Mischwaldes den Hügel hinaufzwängen. Auf dem Berg sind die Bäume ziemlich weiß, mit Raureif bedeckt, die Temperatur war um einige Grad gesunken. In dem schmalen Tal, das sich auf einmal vor uns wie ein weißes Buch öffnet, zeigen uns die schwarzen Buchstaben der Schlehdornbüsche, wo der Weg entlangführt. Wachsame Vögel picken den Schlehdornbüschen ihre Tüpfel ab. Wir parken am Waldrand, die Windschutzscheibe rahmt einen Ausschnitt der Landschaft ein, die mir bekannt vorkommt. Espen oder Hainbuchen, ohne Laub, ein dichter Hain, in dem man sich sicher fühlt, der im Gras ausgetretene Weg windet sich unter den herabgeneigten Bäumen entlang. Am Horizont, im schmalen Spalt zwischen den Bäumen, gehen die in den Hintergrund tretenden Berge und der Himmel ineinander über.

Fünfundzwanzig Minuten haben wir vertan, um genau dieses Bild zu sehen. Wir sind hier schon vor langer Zeit gewesen, im Sommer, nach einem Gewitter, da waren wir in den von einem Waldtraktor ausgefahrenen Spuren eingesunken. Jetzt gab es dort keine einzige Seele, keine Maschinen, keine Leute, der Boden hart vom Frost. Es war einer der

Orte, die wir auf unseren Streifzügen gefunden hatten, und der als solcher zugleich auf seine Art, aus der Landschaft und dem Kontext herausgerissen, ein eigenständiges malerisches Stillleben aus einer alten Welt war. Wir nahmen nichts von dort mit und ließen auch nichts zurück.

Wir hatten sonst gar nichts Gemeinsames. Einige Fotos im Handy, die mit einem einzigen Klick gelöscht werden konnten, und eine getrocknete Blume im Dienstwagen, auf der Ablage zwischen den Kabeln, das war alles. Doch die Blume wird bald in Staub zerfallen oder ein beflissener Kollege saugt sie auf, wenn die Autos gewechselt werden. Mein Sohn weiß nichts von ihm, er hat ihn noch nie gesehen. Ich möchte meinen Sohn nicht beunruhigen, solange ich mir noch nicht ganz sicher bin, will keine falschen Hoffnungen in ihm wecken. Manchmal passt eine Freundin auf meinen Sohn auf und so kann ich für ein paar Stunden verschwinden, mitunter bummle ich Überstunden ab. Ehrlich gesagt möchte ich selbst nicht sentimental sein, solange ich sehe, dass er es nicht ist. Ich fürchte, dass ich tiefer fallen würde als er und dafür bin ich nicht gerüstet, ich möchte um jeden Preis den gleichen Schritt beibehalten, gleichermaßen stark und robust bleiben.

Solch eine Unverbindlichkeit hatte mir anfangs sehr imponiert und mich begeistert, denn ich hatte das Gefühl, eine außergewöhnliche und berauschende Liebe zu erleben, die sich selbst genügte und keine Konservierungsmittel brauchte, um unverändert bestehen zu können. Sie garantierte mir die Freiheit, die ich gewohnt war, und ich war davon überzeugt, dass diese das Allerwertvollste war. Inzwischen beobachte ich, dass dieser offene Raum in mir mehr Beängstigung als Erleichterung hervorruft. Oft überkommt mich die gewohnte Müdigkeit und befällt mich der Zweifel. Jeden Tag muss ich allein eine Menge an Entscheidungen treffen, und es macht mich müde, auch nur über ganz banale Sachen nachzudenken. Mein Sohn kapiert nicht, warum er mir morgens beim Aussuchen eines Rockes helfen soll, und ich warte verzweifelt auf irgendein Zeichen, das mir diese Entscheidung abnimmt. Mich überkommen Kummer und Selbstmitleid. Freut sich jemand auf mich? Denkt jemand jeden Tag an mich? Hat jemand um mich Angst? Was macht er dort, wo er gerade ist, und wie hat er geschlafen? Mir fehlen diese Informationen und eine Rückmeldung, welche die einzelnen Minuten eines jeden Tages zusammenhält. Meine Tage zerfallen in einzelne Handlungen und Wahrnehmungen, die weder einen Anfang noch ein Ende haben, es ist ein heterogenes und zerbrechliches Häufchen von Glasstücken wie in einem Kaleidoskop. Ordnung gibt all dem nur derjenige, der es fest in der Hand hält. Es würde gar nichts passieren, wenn jemand meine Tage durcheinanderschüttelte. Der Verlauf der Welt bliebe ungerührt, die Erdachse im Lot. Das war ein niederdrückendes Gefühl.

»Ist etwas passiert?«, kam aus mir plötzlich heraus. Er blieb eine Weile bewegungslos sitzen, nur der etwas längere und tiefere Atem kondensierte die Luft im Inneren des Autos. Die Fenster beschlugen sich langsam und das, was draußen hinter dem Glas war, entfernte sich noch mehr. »Nein, nichts. Keine Angst. Hab keine Angst.« Er umarmte mich, musterte mich ebenso wie ich ihn, umarmte mich ganz fest, drückte meinen Kopf in seine Arme und erstickte somit alle weiteren Fragen. Der Nacken, der kleine Strom nachwachsender feiner Haare im Grübchen am Unterkopf, der Hals mit der pulsierenden Verdickung, in der sich der Schlag meines Herzens widerspiegelte. Er schob seine Hand unter den Kragen meines aufgeknöpften Hemdes, über den

Rücken, über das flache herausragende Schulterblatt, die Hügel der Wirbelsäule, die warme Haut, die nach diesen Berührungen begehrte. Zwei kleine Knöpfe, die Brüste. Ich verlor langsam den festen Boden unter den Füßen, der Wald stieg durch das nicht ganz hochgedrehte Fenster ins Innere des Autos, der Reif taute auf und ich war feucht, außer Atem, verloren in der Landschaft, in der Erde, im grünen Moos und im vermoderten Laub. Ich schloss die Augen, hielt den Atem an. Meine Oberschenkel waren noch eine Weile klamm und hart, in ihnen noch Reste von Wut und Trotz. Ich rang noch eine Weile mit mir selbst, konnte doch nicht so schnell nachgeben und mich den erdigen und berauschenden Berührungen ergeben. Doch dieser Moment des Trotzes war lächerlich kurz, und als meine Schenkel weich wurden, empfing ich ihn leicht, voller Lust und dankbar.

Als ich die Augen öffnete, sah ich draußen vor dem Fenster einen Hirsch. Er blickte mich direkt an, ruhig wie ein alter Bekannter, wie ein Vertrauter, der alles wusste und alles verstand. Die Geweihkrone, eingeflochten in die Zweige der Bäume, ließ ihn nicht tiefer in die merkwürdige Welt der gerahmten Karosserie des Autos dringen, doch auch so sah er genug, um zu wissen, dass alles in Ordnung war, dass mir niemand etwas zuleide tat, dass ich keinen Schutz brauchte. Es war nicht notwendig, dass er jemandem im Lauf seine Hörner einrammte und ihn mit seinen Hufen zermalmte. Es gab noch genug Liebe, sie war still und scheinbar bodenlos, in ihr gab es eine ganze Palette Leidenschaft, Freude und Trauer. Ihn interessierten nicht die komplizierten Umstände, er kannte sie schließlich alle, ihn interessierte nur die Wahrhaftigkeit dieses einen Moments.

Der Hirsch bewegte seine Ohren. Das eine Ohr heruntergebogen, das andere wie ein Pfeil aufgerichtet, neigte sich dann der Hirsch, und die weit geöffneten Nüstern stießen heiße Luft aus, sein Bild verschwamm. »Hanka«, sagt er leise, wühlte seine befeuchtete Stirn in meine Haare, und da bewegte sich der Hirsch, der schwarze Riecher glänzte auf, prustete einen Tropfen kondensierten Atems ans Autofenster. Er schritt in Ruhe davon, als ob er alles gesehen hatte, was er sollte, und als ob es für ihn klar war, dass er nicht einschreiten und mich nicht beschützen musste. Und ich war dankbar für den Anblick der schwarzen Pupillen voller Verständnis.

»Noch einen Moment«, sagte ich, »bleib noch einen Moment so. Wann ... wie spät ...« ich sagte das nicht zu Ende, es war auch nicht notwendig. Ich wusste, dass wir fahren sollten, denn falls etwas auf der Fahrt passieren würde, ein Unfall, eine Absperrung, dann würde ich es nicht mehr schaffen, pünktlich zu sein. Doch mein fester Wille hatte mich völlig verlassen, am liebsten würde ich nirgendwohin fahren, ich wollte nirgendwohin fahren, wieder irgendein Termin, Zeit, die eingehalten werden musste, ein Platz, der gefüllt werden musste – all das wollte ich nicht. »Hanka, wir müssen los«, sagte er und wischte die beschlagene Scheibe frei. Überrascht blickte er durch den Fensterbogen in die Landschaft hinaus. »Schau mal, ein Hirsch. So nahe habe ich noch nie einen Hirsch gesehen«, lachte er auf, und mir tat es leid, dass er ihn nicht so gut kannte wie ich.

15

Anička saß reglos auf der Holzbank, sie verschwamm mit den aufs Glas geklebten Plakaten und schaute zu, wie in die in den Asphalt gedrückte Grube, die sich mit der Zeit vom Gewicht der hier haltenden Autobusse gebildet hatte, trübes Wasser hineinfloss. Im Wasser bildeten die regenbogenfarbenen Öllaugen eigenartige Muster und diese wiederum wirkten auf Aničkas müdes Gehirn hypnotisch und beruhigend. Eine Weile lang überlegte sie, was sie dort an der Haltestelle eigentlich machte, auf der Straße, die sie nur sehr flüchtig kannte, nur wegen Papas Kneipe. Welcher Tag war heute und wie spät war es eigentlich? Sie zog die Beine hoch auf die Bank, legte ihren Kopf auf die Knie und schloss die Augen. Die Regenbogenmuster schwärmten auf der feuchten Hornhaut ihres Auges herum, sie flossen ineinander, bewegten sich und teilten sich wieder auf, bis sie sich durch die Tränen verdünnt ganz aufgelöst hatten und verschwanden.

Ein ankommender Autobus riss sie aus dem Halbschlaf. An der Haltestelle stiegen zwei Frauen mit vollen Taschen aus, sie verabschiedeten sich und jede ging in eine andere Richtung, im Entenschritt, mit den Plastiktüten raschelnd. Anička bemerkten sie nicht, sie saß immer noch in der Ecke der Haltestelle, reglos. Der Busfahrer fuhr auf dem Parkplatz eine Schleife und parkte unter dem Nussbaum. Er schaltete den Motor ab, der Bus ruckte und atmete mit einem gewaltigen Zischen wie Tiere kurz vor dem Sterben heftig aus. Um den Auspuff herum vibrierte noch ein paar Minuten lang die heiße Luft und vom Fahrwerk tropfte noch irgendeine Flüssigkeit. Es begann zu regnen.

Der Busfahrer, er trug ein weißes Hemd, blieb im Bus sitzen, legte die Beine aufs Armaturenbrett neben das Lenkrad und schlug eine Zeitung auf. Anička bemerkte er erst, als sie sich bewegte, als ihr vom langen Sitzen das Bein steif geworden war. Sie stand auf, doch das aufgesetzte Bein knickte ihr im Knie weg und sie musste sich an die Glaswand des Wartehäuschens stützen, um nicht zu fallen. Der Busfahrer wurde aufmerksam, legte die Zeitung beiseite, nahm die Beine herunter und drehte sich zu Anička um. Sie starrten einander ein paar Minuten lang an. Er lächelte ihr zu und machte eine Kopfbewegung, sie sollte näherkommen. Sie dachte, dass er ihr sagen konnte, wo ihr Papa war und wie spät es sei. Er fuhr durch die ganze Stadt und auch durch die umliegenden Dörfer, blickte aus dem Fenster und schaute die Fahrgäste an, die bei ihm Fahrscheine kaufen mussten, und so stiegen alle in der Vordertür ein. Er musste pünktlich sein und wusste bestimmt, wie spät es war. Sie machte drei, vier vorsichtige Schritte auf dem nassen Asphalt, zog ihre Kapuze vom Kopf, damit er ihr ins Gesicht schaute, strich die angeklebten Haare von der Stirn und blieb zwischen der Haltestelle und dem geparkten Bus stehen. Da krempelte sich der Mann das weiße Hemd hoch, knöpfte den Hosenbund auf und öffnete auch den Reißverschluss seiner blauen Fahrerhose, steckte die Hand hinein und lehnte den Kopf ans Fenster. Anička stand wie angewurzelt, selbst als sie durch die beschlagene Fensterscheibe nur noch verwischte Schlieren und den Abdruck der Stirn auf dem Glas sah, der Bus kaum wahrnehmbar ächzte und in seiner aufpolierten Mächtigkeit wie das Gehäuse eines gnadenlosen außerirdischen Imperators wirkte, ein Gehäuse voll entblößtem Fleisch und freigelegter Gefäße. Erst als der Kerl laut auflachte, lief sie quer über die Straße und sie lief so lange, bis sie an der nächsten Haltestelle ankam. Dort ruhte sie sich aus, putzte sich die Nase und wischte sich das nasse Gesicht ab. Als dann einige Leute zur Haltestelle kamen und in der Ferne schon der Lärm des Motors zu hören war, verließ sie das Wartehäuschen und bog in die nächstmögliche Seitenstraße ein, in der sie ihren Weg fortsetzen und zugleich der Hauptstraße ausweichen konnte. Sie lief mit der Kapuze in die Stirn gezogen, blickte vor ihre Füße, bog einige Male in eine weitere Straße ab und nach zwanzig Minuten Gehen ahnte sie nur noch vage, wo sie sein könnte.

Einer der Orientierungspunkte für sie war der Schornstein des Heizwerkes. Die Schule und auch ihr Haus waren in der Nähe des Heizwerkes, doch in diesem Moment schien der Schornstein kilometerweit entfernt zu sein und selbst in dieser Entfernung noch riesig und höher als je zuvor. Bedrohlich ragte er über alle Gebäude, über den Kirchturm und die hundert Jahre alten Linden im Pfarrgarten wie Teil einer Armee eines blechernen Herrschers. Die Antennenschüsseln auf seiner Spitze waren auf den Umkreis der Schule und des Kindergartens ausgerichtet und suchten kleine verlassene Kinder, Kinder, die weggerannt waren, auch die, die sich verirrt hatten, der niedrigere Schornstein aus roten Ziegeln gab giftiges Gas in die Luft ab. Ihr blieb jedoch nichts anderes übrig, als all diese Vorstellungen abzuschütteln und auf dem kürzesten Wege nach Hause oder zur Schule zu gehen. Den ersten Menschen, den sie traf, fragte sie, wie spät es sei, und als sie feststellte, dass seit ihrem Verlassen der Schule fast drei Stunden vergangen waren und bis zum Beginn der Feier nur noch knapp zwei Stunden übrigblieben, geriet sie in Panik und rannte die erstbeste Straße entlang, die Richtung Schornstein führte.

Am Heizwerkgebäude floss in einem flachen mit Platten ausgelegten Bachbett ein Bach entlang, bei jedem ausgiebigeren Regen füllte sich dieser mit Wasser und das Wasser strömte darin rapide und laut, denn diesem regulierten Ufer fehlten die Mäander und die natürlichen Hindernisse aus Ablagerungen und Gestein. Der Bach floss auch neben der Schule entlang und manchmal war im Klassenzimmer durch das geöffnete Fenster das Getöse des angeschwollenen Stromes zu hören. Sie wusste, dass sie nahe bei der Schule war, sie musste nur noch den ausgetretenen Pfad am Wasser entlanglaufen.

Hinter dem Heizwerk mündeten einige Betonrohre im Bach. Früher floss durch diese auch Wasser in den Bach, in den letzten Jahren waren sie trocken und man konnte sich in ihnen verstecken, kleine mutige Kinder konnten sich auch mit dem Dreirad hineinzwängen. Wenn das Wasser im Bach hoch stand, waren die Rohre bis zur Hälfte geflutet. Jetzt waren sie trocken, voller Abfall und Laub. In einem von ihnen war etwas Blaues hängengeblieben, etwas in der Farbe von Arbeitshosen. Genau solche, wie Papa sie trug, wie alle Bauarbeiter sie trugen. Ihr wurde wieder schlecht, die Angst schnürte ihr den Hals zu. Sie hatte von Kerlen gehört, die auf diese Weise gestorben waren, von Obdachlosen, die erfroren waren oder die irgendjemand auf der Straße erschlagen hatte. Vater hatte einmal von einem Kollegen erzählt, der vor seiner Wohnungstür einen Herzinfarkt erlitten hatte und den Kinder am Morgen kalt gefunden hatten, als sie zur Schule gingen. Sie hatte gehört, dass Alkohol ein gefährliches Gift ist und dass man daran ersticken oder durchdrehen konnte. Sie stand über dem Rohr, sah aber nur ein Stück dieses blauen Materials, das alles Mögliche sein konnte, und einen Haufen angespülter Abfälle, einen Schuh, eine Plastiktüte, Scherben. Sie bückte sich, spreizte die Arme und rutschte auf dem glitschigen Gras zum Bachufer hinunter. Dort, wo die Rohre endeten, rauschte der Bach noch stärker und bildete Strudel, in denen Plastikflaschen und Polystyrolstücke kreisten.

Das Wasser spritzte auf das Gras und auf die Steine und Anička konnte kaum das Gleichgewicht halten, ihre Beine rutschten ihr weg. Als sie sich hinkniete und sich am Rand des Rohres festhielt, gelang es ihr, den Kopf ins Rohr hineinzustecken und aus einem anderen Winkel hineinzuschauen. Das blaue Ding erwies sich als durchnässter aufgeblasener Schlafsack, die Scherben waren Scherben, dem Schuh fehlte die Sohle.

Sie kroch wieder zurück auf den Fußweg, kratzte sich den Schlamm von den Turnschuhen und merkte, dass sie völlig durchnässt und mit Schlamm beschmutzt war, und ihr war kalt. Es war nicht weit bis nach Hause, sie konnte sich umziehen, doch sie bekam Angst, dass sie es nicht zur Vorstellung schaffen würde, dass zu Hause etwas passierte, was sie aufhalten würde. Sie wischte sich die Hände am Gras ab, rieb die Knie mit ihrem letzten Papiertaschentuch ab, kämmte sich flüchtig mit den Fingern durch die Haare und unterdrückte den Gedanken an das verlorene Kleid, der geduldig irgendwo im Hintergrund harrte.

16

Auf dem Rückweg lachen wir und die Luft im Auto, die zuvor zum Schneiden war, ist wieder klar und frisch. Die Reifen zerdrücken die vom Frost steif gewordenen Zweige und Grashalme, dann schlittern sie eine Weile über den Asphalt voller Schlaglöcher und die restlichen zehn Minuten sausen sie im Novembergrau über die Fernstraße, die wiederum fünf Grad wärmer ist als die Erde dort oben, im Wald. Die Zeit, die Hanka gehört, nimmt ab, sie lässt sich nun in Minuten messen. Wenn sein Auto in einer Straße nahe der Schule anhält, werde ich die zärtliche und ausgelassene Hanka auf dem Beifahrersitz hinter mir lassen und wieder in die Rolle der verantwortungsvollen Mutter eines Zweitklässlers, der verantwortungsvollen Tochter eines sterbenden Vaters, der verantwortungsvollen Angestellten des Erstkontaktes im Büro der Rechtshilfe schlüpfen. Die Autotür wird zuknallen, das Blech wird aufs Blech krachen, das Auto wird wegfahren.

In den letzten fünf Minuten der Fahrt bereite ich mich langsam auf diese Veränderung vor, ich muss das mit Anmut hinbekommen, muss ruhig wegschreiten, wie der Hirsch im Wald weggeschritten war. Nicht an die komplizierten Umstände, sondern an jene beiden Menschen denken, die ich mir nicht selbst ausgesucht habe und die mich nicht ausgesucht haben, sie sind die einzigen Menschen auf der Welt, mit denen ich zusammen bin, weil ich es muss. Alle anderen können immer in den Hintergrund treten und einfach warten, ich selbst warte auch immer, wenn es nötig ist. Mir wird übel und ich hasse alles um mich herum und auch alles, was in mir eingepfercht ist, all das Selbstmitleid, das meinen Kopf überflutet, all das, was es außerhalb des fahrenden

Autos gibt, die Fernstraße, die anderen Straßen, die Schule, die Feiern, die Arbeit, die Uhrzeit, das Tachometer, die grüne Ampel an der Kreuzung. Was würde geschehen, wenn ich noch fünf Minuten, noch zehn Minuten ... was würde geschehen, wenn ich einmal nicht pünktlich käme und diese paar Minuten mir selbst schenken würde?

Er hält in einer schmalen Straße gesäumt von Einfamilienhäusern, in der Straße hinter der Schule. Ein Ehepaar eilt vorbei, irgendwelche Eltern irgendeines Mitschülers meines Sohnes. Sie eilen nur vorbei, um mich daran zu erinnern, dass die Schulfeier gleich beginnt und sie haben nicht einmal Jacken an, und zwar, um mir demonstrativ zu zeigen, dass dieser wichtige Ort ganz in der Nähe ist, gleich hier, nur ein paar Schritte entfernt, man muss sich nicht einmal anziehen, die Garderobe wird sowieso schon voll sein. Ich hasse volle Garderoben und Leute, denen nicht kalt ist.

Das Auto surrt und die Zeit verrinnt so schnell, dass es sich nicht mehr lohnt, den Schlüssel in der Zündung zu drehen und den Motor auszuschalten. Die Stille würde ein weiteres Gespräch heraufbeschwören und darauf hat gerade keiner von uns beiden Lust. Für ein Gespräch brauche ich viel mehr Zeit. »Nun lauf schon, sonst schaffst du es nicht mehr«, drängt er mich, und ich drehe mich gekränkt um, schaue ihn an, möchte etwas ganz anderes hören. »Ich rufe dich an, wenn ich zurück bin«, fügt er hinzu und lächelt aufmunternd. Das verantwortungsvolle Elternpaar von vorhin sitzt bestimmt schon auf der Holzbank in der Turnhalle und kontrolliert die Kapazität der Speicherkarte des Fotoapparates. »Verdammt noch mal!«, zische ich durch die Zähne, Anmut und Ruhe waren im Wald zurückgeblieben, ich bin nur noch eine traurige Frau und ganz durcheinander. Meine Augen streifen über das Armaturenbrett, als ob ich etwas festhalten wollte, irgendein Detail, einen Grund, um noch etwas länger im warmen gemütlichen Auto zu bleiben. Er streicht mir über die Hand, lässt seine aber nicht mehr auf meiner ruhen, legt seine Hand auf den Schalthebel, bewegt ihn aber noch nicht. Mein Gehirn verarbeitet diese Geste und bewertet sie als rücksichtsvoll und zugleich raffiniert explizit. Der Strom von Liebe, einer traurigen und tiefen Liebe, entwaffnet mich völlig und ich fühle mich wie ein kleines Kind, das sich mitten auf der Straße auf dem Asphalt in einem Krampf unbeherrschbarer Verzweiflung windet. Und ich stehe da und schaue auf mich selbst herab (wie schon so oft auf meinen kleinen Sohn) und sage teilnahmslos, »beruhig dich schon, das hilft sowieso nicht. Du kriegst nicht, was du willst. Nicht sofort.«

Ein Kind kann es sich jedoch im Unterschied zu mir erlauben, mitten auf der Straße zu sitzen, zu kreischen und seine Mutter zu treten, es hat ja das Recht auf seinen Trotz, solche Szenen sind letztendlich Teil der gesunden Entwicklung seiner Persönlichkeit. Es wäre merkwürdig, wenn nicht manchmal solche Emotionen das Kind rütteln würden, sagt jedes moderne Handbuch für die moderne Erziehung. Daraus wächst eine starke Persönlichkeit hervor, eine Persönlichkeit, die im Erwachsensein ihre Emotionen hart wie Beton unter den Gesichtsmuskeln halten kann, weil der erwachsene Mensch sich beherrschen und seine Leidenschaften nur in abgeschwächter Form zeigen sollte.

Ein Kind auf dem Gehweg kann brüllen, kann den Kopf auf den Asphalt schlagen, kann Rotz herausprusten und Tränen und dann hört es plötzlich damit auf. Binnen einer Sekunde, als ob ihm jemand eine gehauen hätte (was mitunter auch geschieht), besinnt es sich und beruhigt es sich. Oder aber – es resigniert. Und alle rundherum sind glücklich, dass diese kleine private Hölle vorüber ist und die Erwachsenen sich nicht mehr schuldig fühlen müssen, die Erziehung nicht hinzubekommen. Die aktuellen Gegebenheiten und die Verantwortung sind stärker als alle Leidenschaften der Welt und Resignation ist einer der einfachsten Wege, wie man seinen gesunden Verstand und wenigstens den Anschein von Würde bewahren kann.

Würde und Anmut halte ich für mich selbst aufrecht, als ich so schnell wie möglich gehe, ich öffne rasant die Tür, steige aus, knalle die Tür zu, ohne mich ein einziges Mal umzuschauen, schreite heldenhaft den Gehweg entlang, Richtung Schule, Sohn, Weltall. Ich höre das schwächer werdende Geräusch des Motors und fühle, wie ich blute.

17

Eine Stunde vor Beginn der Feier war in der Schule alles durcheinander, die Lehrerinnen klapperten mit forschem Schritt die Flure entlang, die Kinder sausten in ganz verschiedenen Kostümen von den Klassenzimmern in die Turnhalle, sie schrien und kicherten, der Hausmeister ermahnte sie, denn jemand hatte aus Versehen die Lautsprecheranlage der Schule eingeschaltet und alle konnten die zischende Kaffeemaschine im Zimmer der Direktorin hören. Alle Türen waren halb offen und die Luft, die zwischen ihnen strömte, setzte die gewohnte Schulhierarchie außer Kraft. Einige Fünftklässler verlegten Kabel und testeten die Beschallung der Sporthalle und der Fakt, dass es ihnen erlaubt war, mit Elektrik und auch Elektronik zu arbeiten, weckte eine in ihnen ein ganzes Jahr lang erfolgreich verborgene Eifrigkeit und Freude an sinnvoller Arbeit. Den Erstklässlern und den Mädchen gegenüber verhielten sie sich heute ausnahmsweise mal nicht arrogant, sondern eher gütig.

Während die Viertklässler Einweckgläser mit Kerzen auf die Fensterbretter und Stufen stellten, wurde es draußen langsam dunkel und die Putzfrau schloss die Eingangstür, damit kein Laub hereingeblasen wurde.

Anička schlug in diese Welt ein wie ein Asteroid, der viele Jahre lang allein durchs All gepilgert war. Sie war schmutzig und ihr war kalt. Sie war müde. Sie wusste nicht, wie weit die Vorbereitungen vorangeschritten waren, ob sie etwas verpasst hatte, ob jemand sie gesucht hatte. Sie hatte vergessen, was sie mit Lenka vereinbart hatte, wohin sie gehen sollte, wo sie sich umziehen sollte. Sie hatte kein Kleid.

Sie hatte kein Kleid. Dieser Gedanke, der gewartet hatte, während sie das Problem mit ihrem verschwundenen Vater zu lösen versuchte, drängte sich nun in den Vordergrund und stürzte wie ein großer Felsbrocken auf sie. Der Albtraum war nicht zu Ende, er begann erst. Die trockenen Schulpantoffeln zog sie eher aus Gewohnheit an, das war kein Zeichen, dass sie in dieser Misere fähig gewesen wäre, sich selbst zu helfen. Dann begann sie fieberhaft in der Garderobe die Schränke zu durchsuchen, die Garderobehaken und die Bänke voller Schuhe und Kinderkleidung. Einige kleine Jungen liefen in Strumpfhosen und T-Shirts in verschiedenen Grüntönen an ihr vorbei, die sollten bei der Vorstellung das Gebüsch darstellen. Vage erinnerte sie sich an deren Gesichter bei der letzten Probe, doch da hatten sie Trainingsanzüge an und hatten entweder gelangweilt getan oder waren ungeduldig gewesen. Wenn selbst diese Knirpse schon ihre Kostüme anhatten, bedeutete das, dass alle schon umgezogen waren, nur sie nicht.

Sie lief in das leere Klassenzimmer, durchsuchte die Bänke, den Mülleimer und auch die Lücke zwischen der Wand und den Heizkörpern, auf welchen nach dem Sportunterricht durchschwitzte T-Shirts trockneten, sie öffnete den Schrank mit den Materialien für den Kunstunterricht, kroch noch einmal auf den Knien im Gang zwischen den Bänken entlang, doch die Tasche mit dem Kleid fand sie nicht. Auf der Toilette wurde ihr so schlecht, dass sie sich erbrechen musste, doch es kam nur Galle und Wasser heraus. Das letzte Mal hatte sie am Morgen etwas gegessen. Auf der Toilette fand Lenka sie. Sie nahm sie mit ins Lehrerkabinett, wusch ihr das Gesicht und die Hände, trocknete ihr mit dem Handtuch die Haare.

»Zieh die nassen Sachen aus, Anička«, sagte sie, und Anička fing in diesem Moment so laut an zu weinen, dass Lenka besser die Tür schloss und Anička an sich drückte. Die

Kälte durchschüttelte sie und alles, was sie an diesem Tag durchlebt hatte, strömte auf einmal aus ihr heraus. »Ich hab es nicht, Lenka ... ich kann das Kleid nicht finden!«, kam aus ihr letztendlich und irgendwie zu laut und verzweifelt heraus. Sie weinte und bebte, ihre Nase lief, ihre Beine wurden weich. »Ich habe es irgendwo verloren, Lenka, es tut mir leid, ich werde nicht spielen ...«

Lenka ging wortlos um den Tisch herum, zog einen der Stühle beiseite und legte eine Tasche auf den Tisch, aus der eine Flut von rosafarbenem Organza herausströmte. »Die Reinigungsfrau hat es heute Morgen in der Garderobe gefunden, mein Dusselchen.«

18

Vor der Schule merke ich, dass es langsam dunkel wird, auf den Schultreppen flackern Kerzen, in Einweckgläser gestellt, damit der Wind sie nicht auspustet. Auf den Fluren ist es dunkel, nur die lange Reihe von Kerzen zeigt den Weg zur Turnhalle. In der Ferne höre ich Lachen und das Trappeln der Beine auf den Treppen, doch ich sehe niemanden. Ich hatte erwartet, dass die Schule selbst noch voller Menschen war, doch offensichtlich waren alle schon dort, wo sie sein sollten – im Blickfeld ihrer Kinder, im Zuschauerraum vor dem Podium in der überfüllten Turnhalle.

Weiter hinten auf dem Flur sehe ich ein Grüppchen dunkler Figuren, sie alle versuchen, sich durch einen Türflügel in die Turnhalle hineinzudrängen. Ich geselle mich diesen Hoffnungslosen zu, bin offensichtlich die Hoffnungsloseste unter ihnen, denn ich habe weder breite Ellbogen noch die richtige Höhe und schon gar keine Entschlossenheit. Die hatte sich unter den merkwürdigen Umständen der letzten Stunden aufgelöst und in der Scham, die alles Geschehene – als ob dieses in sich selbst nicht schon genug wäre – überdeckte. Dann kommt noch jemand nach mir, ein noch Hoffnungsloserer, er drückt mich hinein und ich bleibe zwischen zwei Männern in Daunenjacken stecken, deren Rascheln übertönt die Ansprache irgendeines Teenagers. Ich spitze die Ohren, verstehe aber nichts, höre nur das Rascheln und muss eingestehen, dass mein Kopf in diesem Moment auch artikulierte Geräusche weder aufnehmen noch verstehen kann, in dieser Hinsicht ist mir die Situation also recht.

Ich schließe die Augen, bis zum Podium kann ich sowieso nicht schauen. Ich lehne meinen Kopf an den Rücken des großen Kerls, der vor mir steht, und hoffe, dass es in diesem

Gedränge niemand bemerkt und negativ interpretiert. Es ist ein anderer Rücken, nicht der, den ich kenne. Mein Kopf fällt nicht zwischen seine Schultern, doch die Daunenjacke dämpft diesen Unterschied. Der Stoff raschelt bei jeder kleinsten Bewegung.

So ähnlich hatte letztes Jahr das zerdrückte Eis geraschelt. Wir waren einander am Ufer einer Talsperre begegnet, purer Zufall, zwei Autos am Ende einer Sackgasse geparkt, am Ende einer Abfahrt von der Autobahn. Zwei Menschen, müde von der langen Fahrt, ich wollte pinkeln, er wohl rauchen. Wir liefen um die Kirche herum, jeder von einer anderen Seite, lasen die Informationstafel durch, lächelten einander an, grüßten uns etwas einfältig und blieben am Ufer stehen, mit dem Blick Richtung Wasser. Die nahezu gerade Linie des Ufers war an einer Stelle abrupt unterbrochen und Steine hatten eine Halbinsel gebildet, bedeckt mit einer einen halben Meter hohen geschlossenen Schneedecke. Das mit Steinen befestigte Ufer an sich war schwarz und rutschig, der Schnee konnte sich nicht daran festhalten und schmolz gleich, wenn er fiel. Einige Tage, bevor wir uns an diesen Ort verirrt hatten, waren die Temperaturen plötzlich unter null Grad gesunken und die Talsperre war zugefroren, doch danach musste irgendetwas geschehen sein, was die Eisschicht in handtellergroße Stücke zerbrochen hatte, vielleicht hatte sich ein kleines Boot seinen Weg hindurchgebahnt oder vielleicht war dort ein Tier eingebrochen und ertrunken.

Plötzlich kam ein böiger Wind auf und bewegte die Oberfläche leicht. Die Eisschollen fingen an zu schaukeln, glänzende Eisstücke schienen nicht mehr zusammenzukleben und begannen aneinanderzustoßen und an die Steine am Ufer. Das Wasser wellte sich lange und hypnotisch in einem beständigen Rhythmus, als ob eine präzise eingestellte Maschine diese Wellen hervorbrachte, und man hatte Lust, hinüberzuspringen, sich auf das Tuch aus Eis zu legen und sich in den Schlaf schaukeln zu lassen. Das eigenartige Wispern des sich träge wälzenden Eises, des Wassers und der Steine hinterließ in meinem Kopf eine tiefe Spur von Geräuschen und die Erinnerung an diesen ganzen Tag war einzig von diesem Geräusch geprägt.

Und noch etwas. Dieser Winter letztes Jahr war in seiner Eintönigkeit ermüdend und unerträglich lang, die Tage setzten sich aus einfachen, sich immer wiederholenden Handlungen zusammen, nach welchen man sich niedergeschlagen und geplättet wie ein einzelliges Lebewesen fühlte. Und überflüssig, selbst trotz der großen Menge geleisteter Arbeit. Ich verbrachte fast die ganze Zeit nur mit meinem Sohn, mit meinen Kollegen in neutralen Konversationen oder mit Klienten in einem unendlichen Theaterspiel von Geduld und Empathie. Falls durch eine Unachtsamkeit alles ausgelöscht worden wäre, was sich zu dieser Zeit auf meiner Festplatte befand, hätte es für mich gar nichts zu betrauern gegeben. Keine Intimität, kein Flüstern, keine Zärtlichkeiten, keine Emotionen. Meine Kapillare waren ausgetrocknet und zusammengeschrumpft, das Herz schlug nicht wirklich, es hob sich nur mit letzter Kraft mitunter an und klappte dann wieder zusammen, eher in Nervosität als in Leidenschaft. Irgendetwas Schlechtes kroch die Beine hoch, vom Boden herauf, und es verbreitete sich wie Metastasen im ganzen Körper. Ich war davon überzeugt, dass längst alles in mir gestorben war, dass ich wie Wild zum Abschuss bestimmt war. Den ganzen Winter lang versank ich in Selbstmitleid.

Und plötzlich stand dann neben mir ein völlig fremder Mann und statt ins Wasser zu schauen oder zum Kulturdenkmal hinter unseren Rücken hin, blickte er mir ins Gesicht, ich spürte, wie er mich mit den Augen abtastete und abmaß. Er stand so nah, dass wir uns beinahe berührten, doch wir berührten einander nicht. In einem Augenblick jedoch drehte ich mich schnell um und stieß dabei versehentlich mit der Hand in seine Seite, berührte seinen Mantel aus grober Wolle, und diese flüchtige Berührung weckte in mir einen Taumel, eine Schwingung, ein Erdbeben, das Blut strömte plötzlich und mein Herz begann wieder zu schlagen. Ich war völlig neben mir. Ihm fielen die Autoschlüssel in den tiefen Schnee. Er griff mit seiner Hand in das Loch im Schnee, zog die nassen Schlüssel heraus und schüttelte den Schnee vom Ärmel.

Hinter dem Scheibenwischer ließ er mir ein dünnes Stück Zigarettenpapier mit einer Telefonnummer zurück. Nach Wochen, die ich mit inneren Monologen verbracht hatte, schrieb ich ihm eine kurze Nachricht, um ehrlich zu sein, schickte ich ihm nur eine von zwanzig geschriebenen und wieder gelöschten. Nicht sehr konkret und auch nicht sehr erwartungsvoll, doch mit einem Fragezeichen, das ausdrücklich eine Antwort wünschte.

19

Das Podium wird von etlichen auf Ständern befestigten Scheinwerfern beleuchtet, die holzvertäfelten Wände der Turnhalle und die Tafel mit den Wettkampfergebnissen sind mit dunkelblauem Leinen bedeckt. Dem hölzernen Sprungbock, der im Sportunterricht zum Hindernisspringen benutzt wird, wurde ein Pferdekopf mit einem Halfter aus einem Springseil aufgesetzt, die Turnmatten bilden das Haus, der Sprungkasten ist ein Berg, darauf ein Eisberg aus einem weißen Tuch, über einige Kartons gehangen. Im Haus sitzen eine Alte und ein Junge mit Hosenträgern. Die Alte gießt dem Jungen Tee aus einer Kanne der Schulkantine ein und sagt etwas, was sie schon tausendmal zuvor bei den Proben gesagt hatte. Nach so vielen Wiederholungen war der Sinn dieser Worte und auch der ganzen dargestellten Situation schon allen entgangen, das ganze Märchen war nur noch die Aneinanderreihung einzelner Bilder und jedes Bild war nur die Kulisse für den nächsten Auftritt.

Auf dem Boden unter dem Podium lagen die restlichen Turnmatten, darauf saßen die Kinder, die nicht auftraten. Es waren nur wenige, doch die taten so, als ob es die größte Ehre sei, unter dem Podium zu sitzen, und den anderen, die nervös hinter dem Vorhang hervorschauten, zeigten sie übermütig den Stinkefinger. Auf den niedrigen Holzbänken und auf den Stühlen aus dem Speisesaal der Schule saßen die Eltern.

Hinter dem blauen Vorhang auf der Bühne war der Raum für die Darsteller und die Lehrerinnen.

Ganz vorn, an den Rahmen der Holzkonstruktion gelehnt, an der das Tuch befestigt ist, steht Lenka und fummelt am Saum ihres Pullovers. Jedem kleinen Darsteller, der an ihr vorbei auf die Bühne geht, drückt sie den Arm und drückt ihm die Daumen. Sie ist gerührt, all diese Kinder sind ihre Kinder, sie hat das Beste aus ihnen herausgeholt und aus ihnen andere Wesen gemacht, Helden. Die Kinder sagen zu ihr Lenka und vertrauen ihr auch Dinge an, die sie ihren Eltern nicht erzählen.

In diesem Augenblick ist sie schon nicht mehr unter ihnen, die Kinder haben sie zurückgelassen, hinter dem blickdichten Stoff. In jenem Moment, wenn sie vor den Vorhang auf die Bühne treten, vergessen sie Lenka und suchen wie hypnotisiert ihre Eltern, sie durchsuchen mit ihren Blicken die bunte Menge, als ob es auf der Welt nichts Wichtigeres geben würde als ihre Eltern. Diese beiden in der ersten oder letzten Reihe, gegebenenfalls nur einer von ihnen oder wenigstens die Oma. Auch die Eltern, welche sich das ganze Jahr um gar nichts gekümmert hatten, sich nicht einmal an den Namen der Lehrerin erinnern konnten und nicht geholfen hatten, als es notwendig war, vor dem Auftritt Holz für die Kulissen herbeizuschaffen und Krepppapier zu kaufen. Auch jene Eltern, welche sich zu sehr sorgten, die sich über die enorme Überbelastung der Minderjährigen beschwerten, über ungeeignete Themen und Texte, über nasse Strumpfhosen und unökologische Farben auf den Gesichtern ihrer Kinder. Alle saßen dort nun gemeinsam bereit, sie und ihre geliebten Kinder zu kritisieren, sie bereiteten ihre Fotoapparate vor und erledigten die letzten Telefonate, nahmen noch nicht wahr, welch große und tiefe kindliche Welt sich da vor ihnen ausbreitete, und die meisten würden das auch nie wahrnehmen.

Und die Kinder starren in das dunkle Loch unter dem Podium und suchen nach denen, welchen sie mit ihrem Auftritt einen Gefallen tun konnten. Falls sie niemanden finden, stocken sie, vergessen den Text und die ganze Arbeit war umsonst.

Lenka fühlt sich plötzlich verlassen und überflüssig und ihr laufen einige Tränen übers Gesicht. Jemand hält sie am Arm fest, »du bist bestimmt stolz auf sie, oder?«, sagt dieser Jemand und sie stimmt nur schweigend zu, auch so lassen sich die Tränen erklären. Sie ist nicht verlassen, sondern stolz und wichtig. »Lenka, Lenka!«, kommt ein Mädchen in einem weißen Mantel zu ihr gerannt, »ich habe das Blatt verloren, kann es nicht finden!«, versucht das Mädchen zu flüstern, doch es ist so verstört, dass nur ein paar Brocken Geräusche aus ihm herauskommen, und Lenka zieht das Mädchen weiter hinter den Vorhang, umarmt es und gibt ihr eine Kopie des Textes, sie hat vor der Vorstellung immer welche bereitliegen, ist auf alles vorbereitet, denkt an die Kinder, atmet für sie, ist eine von ihnen, und obwohl sie innerlich zerrissen ist, verbreitet sie um sich herum eine entwaffnende Ruhe, sie ist schließlich selbst auch eine gute Schauspielerin.

Hinter dem Vorhang warten noch einige Kinder auf Lenkas Signal. Sie sitzt zwischen ihnen auf dem Boden und hält die Kinder bei den Händen, sie alle halten einander fest und kichern. In einem bestimmten Moment drückt sie die Hand des Mädchens, das zu ihrer Rechten sitzt, stärker, und dieser Impuls kehrt nach einer Weile von links zu ihr zurück. Das ist ihr geheimes Signal, es stärkt in ihnen das Gefühl der Verbundenheit und der Verantwortung. Niemand sonst sieht das, es wissen nur die, die einander festhalten. Sie hatten einander versprochen, es niemandem zu verraten.

»Mach dich fertig, wenn die Musik zu Ende ist, dann gehst du!«, flüstert sie Anička, die links neben ihr sitzt, zu und hilft ihr, aufzustehen. Aničkas Hände zittern, sie ist ganz blass. Sie knetet den Saum ihres Kleides, drückt ihn an den

Oberschenkel und der steife faltige Stoff entfaltet sich wie eine Wolke, in die man sich bequem legen kann, wenn man müde wird, und die einen schützt, wenn man sich irgendwo verstecken muss. Lenka kauert sich vor Anička hin, damit sie einander direkt in die Augen blicken können, und hält sie an beiden Hände fest, bis es Anička sogar wehtut. »Anička!«, schüttelt sie das Mädchen, »bist du okay?« Anička nickt, blickt ihr unverwandt in die goldbraunen Kreise ihrer müden Augen. »Kommt Papa?« Anička verdreht ihre Arme und zieht das Kinn hoch. »Weiß er überhaupt, dass du heute den Auftritt hast? Hast du es ihm gesagt? Hast du es ihm gesagt, als er nüchtern war?«

In diesem Moment endet die Musik, Lenka steht abrupt auf und schiebt Anička ebenso abrupt vor sich hin. »Er ist ganz hinten, ich hab ihn gesehen«, flüstert sie ihr in die Haare. Sie hat ihn nicht gesehen, glaubt aber, dass er dort ist, ebenso wie Anička es glaubt. Aničkas Körper sträubt sich unter Lenkas Hand für den Bruchteil einer Sekunde, sie hebt die Fersen an, damit sich die Spitzen in den Boden bohren können, doch das ist das letzte Beben ihrer Verzweiflung des ganzen Tages und aller vergeblichen Versuche, den Fluss der Dinge, die sich um sie herum wälzen, zu beeinflussen.

20

Der Mann bewegt sich auf einmal ruckartig und mit ihm die gesamte Kette verschwitzter und verspäteter Eltern, die hinter dem Pfeiler an der Turnhallentür stehen. Der Redner auf dem Podium hat aufgehört zu reden und versucht vermutlich gerade, das Mikrofon wieder am Ständer zu befestigen. Das Knistern der Apparaturen ist zu hören, das Parkett knarrt und die um mich herum stehenden Eltern versuchen während dieser Pause, sich nach vorn durchzudrängen und einen besseren Platz zu finden. Ich lasse mich dankbar mit dem Strom mittragen und in diesem Augenblick ist es mir egal, wo ich bin, denn im Geiste stehe ich immer noch bis zu den Knien im Schnee versunken am Ufer der Talsperre, und was um mich herum geschieht, ist mir völlig egal.

Dann rufen plötzlich einige Kinder »Mami!« und fast alle Mamas recken sich und beginnen zu winken und ich recke mich auch, grabe mich aus dem angenehmen Traum heraus und strecke den Kopf aus der Menge, sehe aber nichts, nur einen schmalen Ausschnitt der improvisierten Bühne und Dutzende dunkler großer und kleiner Köpfe. Weitere Kinder rufen »Mami! Mami! Hier bin ich!« und die Eltern zappeln auf der Stelle, recken ihre Hälse, fotografieren. Auf der Bühne stehen schon die Kulissen, eine kleine Bank bei einem kleinen Ofen aus Pappe und Polystyrolstücke, ich kann nicht erkennen, was sie darstellen, stehe ganz hinten. Die Musik beginnt und einige Kinder kommen auf die Bühne. In meinem schmalen Blickwinkel bewegt sich manchmal etwas. Eine Zeit lang steht dort ein Junge, der mein Sohn sein könnte, ein Junge in dunklen Hosen mit altmodischen Hosenträgern. Er steht da und schaut stumm in den Zuschauerraum und ich weiß nicht, ob er einfach nur durcheinander ist, ob er seinen Text vergessen hat, oder ob das ein Bestandteil der Vorstellung ist. Ich muss irgendwie nach vorne kommen, um ihm besser ins Gesicht zu schauen, damit er mich sieht.

Die Erinnerung an das zersplitternde Eis halte ich nicht mehr fest, selbst wenn mir darin sehr wohl ist, ich bin nun ganz wach und mir wird klar, dass ich etwas verpatzt habe. Es war mir gelungen, mich weitere drei Reihen gereizter Eltern nach vorn zu drängeln, doch vor mir steht immer noch ein Wall breiter Rücken und da sind die wie Speere ausgestreckten Arme mit erhellten Displays. Die Bühne erscheint auf diesen Displays verdoppelt, vervielfacht, gekünstelt und viel wirkungsvoller als in Wirklichkeit. »Pssst«, zischen die Mütter und blicken mich an, doch ich halte diese Blicke aus, ich muss näher zu meinem Sohn kommen. Ich habe schon so viel verpatzt, diese Aufgabe muss ich nun bewältigen, sage ich mir und stelle mein Bein zwischen andere Beine, schiebe mich durch eine schmale Lücke, ganz vorn zeichnet sich nämlich ein freier Platz ab. Ich komme langsam vorwärts, doch als ich glaube, schon dem Ziel nahe zu sein, stoße ich auf den kompromisslosen Blick irgendeines Kerls und mir ist klar, dass ich nun nicht mehr weiterkomme. Der Kerl deutet mir ohne ein einziges Wort mit einer ausdrücklichen Geste an, dass er den Zugang zur Bühne bewacht, und wenn ich noch eine einzige Bewegung nach vorne unternehme, dann wird er mir so diskret etwas zuleide tun, dass es niemand sonst merkt. Ich senke den Blick und ziehe mich in mich selbst zurück. Er stellt sich breitbeinig hin und streckt die Hand mit dem eingeschalteten Handy nach vorn.

Von meinem neuen Platz aus sehe ich etwas mehr und deutlicher als von hinter dem Pfosten. Das Podium ist von

Scheinwerfern auf Ständern beleuchtet, die Holzverkleidung und die Tafel mit den Wettkampfergebnissen sind mit einem dunkelblauen Tuch zugehangen. Dem hölzernen Springbock, über den man im Sportunterricht Hürdenspringen macht, hatte man einen Pferdekopf mit einem Halfter aus einem Springseil aufgesetzt, die Turnmatten bilden das Haus, der Sprungkasten einen Berg, darauf ein Eishügel aus weißem Stoff, unterhalb dieses Berges waren hinter dem Zaun aus Karton Zweige in einem Ständer zu einem Weihnachtsbaum zusammengesteckt. Im Haus sitzen eine Alte und ein Junge mit Hosenträgern, mein kleiner verschreckter Sohn. Die Alte gießt dem Jungen Tee aus einer Kanne aus der Schulkantine ein und sagt etwas. Sie ist kaum zu verstehen, in den Lautsprechern knackt es, der Tontechniker stellt die Beschallung noch ein.

Er ist an der Reihe, soll jetzt etwas sagen. Doch er sagt nichts. Die Alte hält die Kanne über der Tasse und wartet, den Blick konzentriert auf den armen Jungen gerichtet. Sie flüstert ihm etwas zu. Er wiederholt, was sie sagt, man kann ihn aber nicht verstehen, auch die Mikrofone funktionieren nicht so, wie sie sollten. Der über mich hinausragende Kerl sagt etwas Dummes und mich regt das so sehr auf, dass ich ihn stoße, doch der Kerl bemerkt mich nicht, er ist genervt, er schwitzt und würde am liebsten nach Hause gehen. Er steht wie ein Fels, das Handy in der ausgestreckten Hand schwankt kein bisschen, er wird bestimmt eine der besten Aufzeichnungen haben.

Die Alte spricht, sie erklärt dem Jungen geduldig etwas, doch Jakub hört offensichtlich nicht zu. Zerstreut schaut er übers Publikum und sucht nach mir. Doch ich bin irgendwo hinten im Dunkeln, er hat keine Chance, mich zu sehen, selbst wenn ich in diesem Moment alle zehn Reihen, die mich von der Bühne trennen, überspringen und mich direkt vor die Bühne stellen würde. Der Scheinwerfer blendet ihm in die Augen und er blinzelt, hält sich die Hände über die Augen. Wenn ich eher gekommen wäre, als noch Licht im Raum war, wenn ich pünktlich gekommen wäre und ihm zugenickt hätte, hinter den Vorhang geschaut hätte, wäre alles in Ordnung. So hat er niemanden, für den er sich Mühe geben sollte, die Wörter warten in seinem Mund und sind nur für mich bestimmt. Das gesamte Publikum bin nur ich und wenn er mich nicht sieht, hat er das Gefühl, dass er in einer leeren Turnhalle spielt, in der es nur Besen und Turnmatten gibt.

Ich versuche noch einmal, nach vorn zu kommen, dieses Mal von einer anderen Seite. Die Eltern brummen, die Frauen mustern mich und ich lächele sie nur dämlich an. Ich muss meinen Kampf gewinnen, selbst wenn ich zwischen ihnen hindurchkriechen müsste. Heute habe ich die Chance, wenigstens einen Kampf zu gewinnen – der Kampf gegen die anonyme Masse im Halbdunkel der Turnhalle ist viel einfacher als der Kampf mit dem sterbenden Vater im hellen Sanatorium, als der absurde Kampf um eine absurde Position mit einem Mann im geschlossenen Auto. Dieses Mal fordert jemand anderes Aufmerksamkeit und wenigstens dieses Mal bin das nicht ich.

Ich bahne mir den Weg nach vorn und gelange schließlich zum Bühnenrand. Die Alte brabbelt etwas und Jakub wiederholt, was sie sagt, er hat ein bisschen den Faden gefunden, jedes zweite Wort sagt er laut. Ich klopfe an den Scheinwerferständer, das Licht wackelt leicht und alle Köpfe drehen sich zu mir her. Jakub übergießt sich mit Tee und springt schreckhaft vom Tisch auf.

In diesem Moment kommt hinter dem Vorhang ein Mädchen in einem rosafarbenen Organzakleid hervor und betritt die Bühne, mit einer glockenhellen Stimme ruft sie: »Lieber Kay! Schau, wie es draußen schneit!«

21

»Lieber Kay! Schau, wie es draußen schneit!«, ruft Anička und gemeinsam mit diesem ersten Satz fliegt der ganze Schrecken dieses furchtbaren Tages von ihr weg. Die Scheinwerfer leuchten ihr ins Gesicht, der Raum unter der Bühne ist nur ein schwarzes Loch, in dem mitunter der Schein eines Displays oder das Licht eines Kameraobjektivs aufleuchtet. Sie kann die Gesichter nicht unterscheiden, kann die Entfernung nicht einschätzen und weder die Stimmung noch die Menge der Leute im Publikum interessiert sie noch. Der gelernte Text sprudelt fließend aus ihr heraus wie das Wasser im Bach, in den sie heute beinahe gefallen war, sie bleibt nicht stecken, hat keine Angst, ihre Stimme zittert nicht. Mit der Zeit füllt sich das schwarze Loch unter der Bühne mit Wasser, das Wasser gefriert und kleine Schlittschuhläufer mit Schals und Mützen strömen auf die Eisfläche, sie streichen sich Flocken vom Gesicht, tanzen und kichern. Rechterhand erhebt sich ein riesiger verschneiter Berg mit einer Gletscherzunge, die an der Seite fast bis zum hölzernen Zaun reicht, der das Häuschen und die kahlen Obstbäume vor dem sich heranwälzenden Eis schützt. Das Pferd wiehert und wirft den Kopf herum. Die Kulissen verwandeln sich in Realität und Anička in die Gerda aus dem Märchen.

Im Häuschen sitzt Kay mit seiner Großmutter beim Kerzenschein und trinkt Tee. Die Großmutter sagt etwas zu ihm, doch Kay hört nicht zu, er ist etwas durcheinander, hatte Tee über sich gekippt und war verschreckt vom Tisch aufgesprungen. »Kay! Zieh dich an und komm Schlitten fahren!«, ruft Gerda. Die Alte steht auf, legt Kay den Schal um den Hals und setzt ihm eine gestrickte Mütze auf. »Binde den Schlitten nicht an die Kutsche!«, rät die Alte und droht mit dem Finger, doch Kay nimmt schon ungeduldig den Schlitten, Gerda setzt sich drauf und gemeinsam fahren sie vor der vorbeifliegenden Landschaft entlang. In der Ferne klingeln Glöckchen, es nähert sich eine große goldene Kutsche, gezogen von vier weißen Pferden.

22

Ich schließe die Augen. Das Mädchen ruft: »Kay, Kay! Schau doch, wie viel Schnee!« Und ihre Stimme war fröhlich, sie gab all ihr Talent und Gefühl, das sie in sich trug, hinein. Das Mädchen konzentrierte sich nur auf sich selbst und auf die Bretter, auf die Bühne, die sie höherstellte als die anderen. Was sie sagte, sagte sie nur für sich selbst. Das Publikum interessierte sie nicht, es war ja nur eine organische sich wellende Masse mit einem einzigen Paar Augen und Händen und einem einzigen in stummer Begeisterung weit geöffneten Mund. Sie hatte Wut in sich, doch sie hatte zugleich den Trieb des Selbstschutzes und viel Kraft in sich, welche die Wut letztendlich in die Lungen und zu den Stimmbändern umleitete, und ihre gestärkte Stimme klang wie eine Glocke, sie hallte von den Requisiten und den Wänden wider und es war sehr leicht, dieser Stimme Glauben zu schenken.

Kay sitzt auf dem Schlitten und hält sich an dem Mädchen fest. Auch er lacht nun. »Gerda! Gerda!«, ruft er und seine Stimme klingt immer noch kindlich glockenhell und rührend. Beim R in der Mitte ihres Namens vibriert seine Zunge vor den vorderen Zähnen, das hatte er erst vor kurzem mit Hilfe von logopädischen Übungen gelernt und es war noch nicht perfekt. »Schau, Gerda, das ist doch die Schneekönigin«, sagt er und versucht seinen Textteil mit einer überraschten Stimme zu sagen. Ich weiß, wie er sich dabei gebärdet. Er hatte sich offensichtlich nun zurechtgefunden, er hatte den Faden wieder und war in das Märchen abgetaucht. Er spricht weiter, doch die Bedeutung seines Textes entgeht mir. Die Anspannung fällt von mir ab und zugleich setzt sich eine riesige Müdigkeit wie eine große schwarze Krähe auf mich. Ich schließe die Augen.

»Mach das nicht! Mach das nicht, Kay! Warte auf mich!«, schreit irgendwo in der Ferne das Mädchen, ich höre Getrampel auf den Brettern der Bühne, wie sie ihrem unbesonnenen Freund hinterherläuft. Er muss laufen, muss den Schlitten der Schneekönigin finden, bevor der Schnee ihre Spuren verweht.

23

Ich laufe hinaus auf die Straße. Den Weg zeigen mir die Kerzen, die immer noch in den auf dem Boden und auf den Treppen stehenden Einmachgläsern flackern, und das matte Licht irgendwo am Ende des geraden Gangs. Draußen war es schon ganz dunkel geworden. Ich finde den Ausgang, laufe die breiten Treppen hinunter, durch das Tor und hinaus auf den Parkplatz. Der Parkplatz ist voller Autos, die Autos stehen auch auf dem Gehweg, auf den Grasflächen, im Fußgängerdurchgang, und in dieser ungewohnten Situation sehen sowohl die Schule als auch die Straße ganz anders aus. Ich ahne ungefähr, wo unser Haus steht. Drehe mich um und gehe schnell in die andere Richtung.

Ich kehre meine Augen ins Innere und verfolge, was sich dort tut. Verworrene Gedanken hüpfen von einem Thema zum anderen, nisten sich aber bei keinem von diesen ruhig ein und finden keine Orientierung. Der Kopf droht mir zu platzen, die Gedanken vermehren sich wieder wie Bakterien und die Bakterien eines Stammes versuchen in die Kolonie eines anderen Stammes einzudringen, sie versuchen, einen Zusammenhang zu finden, der sie zusammenhalten und stärken würde. Ich versuche, dieses Gedankenbündel loszuwerden, und erforsche dabei meinen Körper, ich schüre wieder mit einem glühend heißen Feuerhaken in meinen Innereien herum.

Unter meinen Füßen spüre ich Beton und kleine Steinchen, die der morgendliche Bodenfrost aus dem Beton herausgedrückt hatte. Ich spüre, dass sich mein Körper auf einen ordentlichen Lauf vorbereitet. Er möchte rennen, und das ist in meinem langsam sich dahinschleppenden Leben ein ganz ungewöhnlicher Zustand.

Ich verfolge, wie er sich von den Gedanken und Erwartungen loslöst und sein eigenes Leben zu leben beginnt. Er findet seinen eigenen Rhythmus, schneller als die Gedanken, erweitert die Lungen, lässt die Luft frei durch die Nase strömen, löst die Sehnen und die Muskeln und läuft auf einmal zwischen den geparkten Autos hindurch, bewegt sich leicht wie ein Blatt auf dem Wasser. Am Ende des Parkplatzes rennt mein Körper auf die Straße, die am Schulgelände und am Spielplatz vorbeiführt, und setzt seinen Weg am Bach entlang fort, am Recyclinghof mit geparkten Müllautos und den großräumigen Containern vorbei bis zum weitläufigen unbebauten Gelände, das mit schwerem Gras bedeckt ist, vollgesaugt mit Wasser.

Hinter mir lasse ich die Siedlung, die Schule und auch die Straßenlampen zurück. Meine Augen gewöhnen sich an die Dunkelheit und die Konturen der Bäume und Sträucher sind nach einer Weile scharf wie am helllichten Tag, nur ihre Farbe ist schwarzgrau. Ich beobachte meinen Körper, als ob ich den Körper eines anderen beobachten würde. Vor mir gibt es keinerlei Hürden, die ich unter Kontrolle haben müsste, keinerlei Gegenstände, denen ich Aufmerksamkeit schenken sollte, und so kann ich konzentriert verfolgen, was in mir geschieht. Ich spüre Schmerz. Die Fersen tun mir weh, denn das ganze Körpergewicht trifft bei jedem Schritt auf diese kleinen Flächen auf. Doch die Haut und die Muskeln darunter haben eine bewundernswerte Dehnbarkeit und Stabilität und werden nicht zu Brei zermahlen. Der Schmerz geht in die Waden über, die zweisträngigen Wadenmuskeln scheinen sich vom Knochen zu lösen, und während sie sich lösen, verschiebt sich der Schmerz nach oben zu den Oberschenkeln und dort wird aus dem dumpfen Schmerz ein stechender. Der Schmerz ist noch erträglich, er ist unangenehm, doch ich laufe immer noch, verlangsame nicht und ändere den Rhythmus nicht. Ich nähere mich dem Feldrand, das Gras ist hier niedriger und wächst nur noch spärlich. Der karge Boden wird einige Schritte weiter zu einem ausgetretenen Pfad und dieser führt in großem Bogen zu den Gleisen der alten Güterbahn. Ich laufe den Pfad entlang, setze die Füße auf die schmale Linie. Die Gleise leuchten im matten Mondlicht und zeigen mir die Richtung an, so kann ich im Inneren meines Körpers bleiben und den Weg meines Schmerzes verfolgen. Bei jedem Auftritt eines Beins auf den Boden spüre ich im Oberschenkel einen brennenden Schmerz, der nicht verschwindet, sondern nur von einem Bein zum anderen springt, und während der Schmerz nachzulassen scheint, sticht schon der nächste in den Muskel. Ich versuche, den Schmerz loszuwerden, indem ich einfach aufhöre, auf ihn zu achten und konzentriere mich auf die Doppelreihe der Gleise. Mitunter stoße ich mit einem Bein an eine Schwelle, doch selbst das bringt meine Beine nicht aus dem Rhythmus. Ich höre die Steinchen, die unter den Schuhen hervorschießen und auf die Schienen aufschlagen, und auch das Rauschen der Stadt hinter meinem Rücken. Ich höre aufgewachte Vögel in den Baumkronen und das Knacken von Zweigen unter meinen Füßen. Alles zeugt davon, dass ich die Stadt verlasse.

Der Pfad wird auf einmal so schmal, dass ich ihn nicht einmal mehr mit der Fußspitze treffe und er verschwindet zwischen toten Pflanzen, die nach den ersten Frostnächten zwischen den Gleisen liegengeblieben waren. Eine Weile versuche ich, auf den Schwellen zu laufen, doch die Schwellen zählen und meinen Schritt deren Abständen anzupassen, ist langweilig, ich möchte nichts zählen, möchte mich auf nichts konzentrieren, eigentlich kann ich mich auch nicht auf so etwas konzentrieren, in meinem Kopf gruppieren sich nach wie vor Kolonien von Bakterien um. Ich springe auf die andere Seite der Gleise, wo zwischen Baustämmen und Büschen etwas Raum zum Laufen ist. Nach einigen Laufschritten muss ich langsamer werden und einen großen Busch umgehen, der mir plötzlich den Weg versperrt. Ich bleibe stehen und schaue mich um. Ich sehe nichts, das mich an die Stadt, die Schule, den Schornstein, die Feier oder unser Haus erinnern würde, nur Bäume, dichte Büsche und ein Paar Gleise, die in einer Kurve nach rechts abbiegen und hinter einer entwurzelten Pappel verschwinden. Zwei, drei Meter weiter liegen die metallenen Bahnen, die mich mit der Stadt verbinden, auf blanker steiniger Erde und nach weiteren zehn Metern enden sie eingefasst in einen Betonklotz. Die zerbröckelte Wand des Betonquaders reicht mir bis über die Hüfte. Links liegt ein umgekippter Viehwaggon, von ihm waren nur noch das Eisengerüst und einige moderne Latten übriggeblieben, rechts steht dichtes Gebüsch. Plötzlich knicken meine Knie ein, ich muss mich langsam auf den Boden setzen. Ich lehne mich an den Klotz, an meinem Rücken bröckelt der kalte und feuchte Beton herunter.

Ich spüre in meinen Muskeln und Knochen eine unendliche Müdigkeit, mein ganzer Körper ist schwer geworden, auf der Stirn bildet sich Schweiß. Ich huste, denn die kalte Luft kratzt mir im Hals, und ich schrecke damit einen Vogelschwarm auf. Die Vögel fliegen steil nach oben, setzen sich auf Zweige und werden still. Sie zeigen mir nicht die Richtung, in die ich mich bewegen sollte, und ich fühle mit etwas Furcht, wie mein Körper trotz des Hustens – oder gerade dank diesem – wieder aufwacht. Einmal Einatmen reicht, die Arme und Beine gegen die Erde gestemmt, die

Beine springen über das Hindernis aus Beton und laufen weiter. Einatmen, ausatmen.

Ich komme zu einem flachen Bach, der mir für eine Weile den Weg weist wie zuvor die Gleise. Die Landschaft um mich herum ändert sich, das Gehölz wird dichter und ich muss beim Laufen den Kopf einziehen und Zweigen ausweichen. Ich laufe um den letzten Baum herum. Vor mir tut sich ein Feld auf, ein weiter offener Raum mit einer geraden Horizontlinie. Das Feld ist vom bläulichen Licht des Mondes überflutet und auf dem Feld wächst niedriges Wintergetreide oder Gras. Mit jedem Sprung drücke ich einige Halm in die feuchte Erde, diese Halme werden sich nicht mehr aufrichten.

Ich laufe und habe das Gefühl, dass ich noch nie im Leben so schnell und leicht gelaufen war. Beim Laufen fühle ich mich glücklich und frei, niemand holt mich ein, allerdings ist da auch niemand, der das vorhätte. Eine Zeit lang fliege ich gewissermaßen flach über dem Boden und alle Fragen bleiben in der Luft hängen wie die Samen des Löwenzahns, sie sammeln sich irgendwo hinter meinem Rücken zu einem Schwarm zusammen und ich lasse sie ohne schlechtes Gewissen weit hinter mir zurück. Ich laufe zu schnell, als dass sie mich einholen und Aufmerksamkeit einfordern könnten. Alles ist plötzlich anders. Die Sinne, welche ich bislang nicht benutzt habe, sind aufgewacht und dank derer ist mein Bild von der Welt nun ganz anders zusammengefügt, als ob es sich völlig gewendet hätte. Als ob ich nun den unterlegten Futterstoff der Welt sähe und die Stiche, die sie zusammenhielten.

Das Feld ist riesig, der Hang steigt langsam an. Nirgendwo ist eine Begrenzung zu sehen, kein Graben, kein Baum, weit und breit nichts, woran ich mich orientieren könnte, kein Ziel, kein Hindernis, aber auch kein Unterschlupf. Der

Horizont wölbt sich in seiner Leere und wickelt sich ab wie eine unendliche Spule. Ich fühle vage, dass ich Richtung Westen laufe, denn hinter der Horizontlinie direkt vor mir ist der Himmel am hellsten.

Ich spüre langsam wieder Müdigkeit, doch das ist eine andere Müdigkeit als jene, welche mich plötzlich im Wald bei dem Betonblock überfallen hatte. Diese Müdigkeit jetzt ist tiefer, sie kommt langsam, vom Boden her, von den Beinen, die ihren Rhythmus verlieren. Ich versuche, vor mir einen Punkt zu finden, auf den ich meinen Blick heften könnte und der mich sicher nach vorne ziehen würde, wie eine Winde ein vergrabenes Auto aus einem Haufen zieht. Ich schaue mich um und sehe weit hinter mir den Rand des Waldes, den ich vor kurzer Zeit hinter mir gelassen hatte, doch zurückkehren möchte ich nicht mehr. Vor mir habe ich nichts, nur eine grüne Fläche. Ich werde langsamer. Bei jedem Atemzug sticht es mir in der Seite, der Schmerz ist schon in die obere Hälfte des Körpers gewandert. Er bahnt sich den Weg vom Magen durchs Zwerchfell nach oben bis zu den Lungen hin, für eine gewisse Zeit lässt er sich unter dem Herzen nieder, doch letztendlich nistet er sich überraschenderweise in den Ohren ein. Meine Ohren dröhnen und der Schmerz ist so stark, dass mich Schwindel überkommt. Die Müdigkeit hat meine Augenlider schwer gemacht, ich bemerke ganz kurze Mikroschlafphasen, die ich bei dem monotonen Gang nicht vermeiden kann. Ich schreite willenlos, meine Beine machen Bewegungen, die ich nicht mehr unter Kontrolle habe.

Vor mir ist nur der offene Raum, hinter mir die Dunkelheit, in der sowohl der Wald als auch die Stadt verschwunden sind. Ich kann in jedwede Richtung gehen, doch ich bin ratlos und so stehe ich und schnaufe, es läuft mir aus der Nase und aus den Augen. An den Schuhen klebt so viel

Schlamm, dass ich Schwierigkeiten habe, überhaupt die Füße zu heben, und ich kann den Schlamm nirgendwo abkratzen, ich kann mich nirgendwo anlehnen, um die Sohlen anzuschauen. In meinem Blickfeld finde ich nichts, woran ich mich orientieren, anhand dessen ich wenigstens ungefähr die Entfernung abschätzen könnte. Mir scheint, als ob ich mich nirgendwo hinbewege, sondern nur auf der Stelle trete, und dieses Gefühl beschert mir weiche Knochen. Ich würde mir wünschen, jemanden zu treffen, wenigstens Tiere, die mir den Weg und die Richtung zeigen. Doch das Feld ist öde, in der Windstille biegt sich nicht ein einziger Halm. Ich dachte, dass sich das Glücksgefühl dann voll entfaltet, wenn es rundherum keine Hindernisse mehr gibt, sondern nur einen offenen Raum, doch das war nicht der Fall. Die Freiheit in der Einsamkeit erfüllt den Menschen nicht mit Glück.

24

Meine Schritte sind so klein, dass ich mit der Fußspitze jedes Mal die Ferse berühre. Da taucht vor mir auf dem Boden eine Linie auf. Sie ist unterbrochen, schlängelt sich etwas. Doch dieser zu folgen ist viel angenehmer als über eine grenzenlose homogene Fläche zu irren.

Die Linie wird mit jedem Meter klarer und mit etwas Mühe sind einzelne Spuren erkennbar, Spuren von Kinderschuhen, von Tieren mit Krallen, Spuren von kleinen Vogelfüßchen und Fahrradreifen, vielleicht auch von Reifen eines kleinen Motorrads. Und eine Menge tiefer Spuren von Hirschhufen. Hinter mir ziehe ich einen Faden mit den Knoten der eigenen Abdrücke her. Die Linie wird dort noch mehrere Monate lang verbleiben, auch wenn das Getreide schon hochgewachsen sein wird, denn dort, wo ich entlanggelaufen bin, wächst nichts mehr, überlege ich. Meine Füße sinken schon so tief in den Boden ein, dass ich langsamer laufen und jeden Fuß vorsichtig herausziehen muss, damit mir nicht die Schuhe stecken bleiben. Meine Schuhe sind voller Schlamm, Schweiß rinnt mir über den Rücken und meine Jacke hat Risse von irgendwelchen Büschen im Wald.

Als ich den Kopf hebe und nicht auf die Spuren achte, sehe ich vor mir sich wiegende Espen und Buchen. Zwischen den Bäumen steht in einer tiefen Furche ein geparktes Auto. Es passt dort irgendwie nicht hin, es ist zu kantig und glänzt im Mondlicht zu sehr. Ich gehe in Richtung des Autos, um durch die Windschutzscheibe hineinzuschauen, stocke aber, als ich Krachen, das Brechen trockener Äste höre. Vor dem Auto steht auf einmal mein Freund Hirsch, er steht dort bewegungslos, fest und die Beine weit gespreizt wie ein

Tisch, seine Beine schlank und gerade, der Körper kantig, der helle Kopf neigt sich zum Boden. Im bekannten Gesicht zwei hervortretende Augen, in denen sich die halbe Welt spiegelt. Wir schauen einander eine Weile an, die Müdigkeit fällt von mir ab, in ihm wächst die Entschlossenheit. Er richtet sich auf, spitzt die Ohren, leckt seine Schnauze und schüttelt den Kopf, schwer beladen mit einem mächtigen Geweih. Sein Anblick, seine Nähe und sein Vertrauen füllen mich mit unerwartetem Glück. Dann schreitet er in meine Richtung und geht in langsamem Schritt um mich herum. Er ist so nahe, dass ich ihn streicheln kann, ich spüre den Geruch seines Fells, sehe die unter seinem Hals pulsierende angeschwollene Ader und höre, wie Luft aus den Nüstern strömt. Er beugt sich zu mir und streicht mit seinem Nacken mein Gesicht. Das feuchte Fell hinterlässt auf meinem Gesicht einen kalten Film und einen durchdringenden Duft. Dann tritt er motorisch ungeschickt zurück und stellt sich zwischen mich und das Auto. Er wartet geduldig ab, was ich mache, und wenn ich mich nur ein klein wenig in Richtung des Autos bewege, senkt er den Kopf und richtet mir die scharfen Geweihspitzen entgegen. Er lässt mich nicht näher heran, so lasse ich das Auto und den Hirsch hinter mir und schaue mich nicht mehr um, damit es mich nicht mehr verlockt zurückzukehren.

Im Schritt gehe ich durch den lichten Wald. Am Waldrand ist ein schmaler Streifen eines Obstgartens mit einigen Pflaumenbäumen, eine nicht allzu hohe Begrenzung, mit dichten Schlehenbüschen bewachsen. Sie haben kein Laub mehr, an ihnen waren nur die dunkelblauen Beeren zurückgeblieben. Hinter dem Wall der Schlehenbüsche befinden sich ein Entwässerungskanal, befestigt mit Betonringen, und eine Brücke mit einem großen Tor aus Blech. Die Pforte darin ist angelehnt, so gehe ich hinüber zum anderen Ufer, betrete einen großen mit Betonblöcken ausgelegten Platz. Am Rand stehen irgendwelche Gebäude und Lagerräume, ich sehe Haufen glänzenden Metallschrotts und geparkte Lkw. Ich laufe quer über das Gelände zu einem dichten Busch, hinter dem sich Obstbäume wiegen und durch den das Licht von Häusern hindurchscheint. Ich erinnere mich und finde tatsächlich das Loch im Zaun, krieche in den Garten, finde die zwischen zwei Bäumen gespannte Leine für die Wäsche und die führt mich durch den Garten bis zum letzten Baum, an den ich mich anlehnen kann.

In Vaters Zimmer ist Licht, die Vorhänge sind beiseite gezogen, das Fenster sperrangelweit geöffnet. Vater sitzt auf dem Fensterbrett und raucht. Zwischen den Knien hat er ein Einweckglas, zur Hälfte mit Wasser gefüllt und darin ein Haufen Kippen und tote Fliegen. Er sitzt genauso, wie er am vorherigen Tag dort gesessen hatte und wie er dort jeden Abend nach der Schicht sitzt. Ich kann sein Gesicht nicht sehen, sehe nur die dunkle Silhouette und das sich bewegende kleine Licht am Zigarettenende. Er ist ruhig und nüchtern, ich erkenne es daran, wie er sitzt. Ich bin schließlich darin geübt, subtile Anzeichen zu lesen. In einem Haushalt mit einem stillen Mann wird ein Kind empfindsamer.

Ich beobachte ihn, bis er zu Ende geraucht hat und das Fenster schließt. Er macht das Licht aus und das blaugrüne Licht des Bildschirms wiederum leuchtet auf. Papa legt sich auf sein Bett, deckt sich mit der Decke zu und nach einer halben Stunde vor dem Fernseher schläft er ein. Er wacht vor Mitternacht auf, zieht seinen Pyjama an, wäscht sich und schaltet den Fernseher aus. Barfuß geht er durchs ganze Haus, kontrolliert, ob die Haustür abgeschlossen ist, ob im

Spülbecken in der Küche kein Wasser tropft, ob in den Zimmern alle Fenster geschlossen sind. Dann legt er sich hin und schläft ein zweites Mal ein.

25

Vor der Schule gibt es einen Stau. Die wegfahrenden Autos blockieren alle Zufahrtsstraßen zur Schule und zwischen den Autos mit heruntergelassenen Fenstern schlängeln sich Eltern hindurch, die ihre redseligen und immer noch aufgeregten Kinder hinter sich herziehen. Einige sind in Kostümen geblieben, jemand versucht, den mit Polystyrol verkleideten Schneemann in ein Auto zu quetschen, ein anderer Unglücklicher war mit seinem Mantel an einem Busch hängengeblieben. Mütter rücken verschwitzten Kindern die Mützen zurecht und Väter bahnen ihnen entschlossen den Weg frei.

Ihr Sohn steht mit Lenka und einigen Schulkameraden vor der Schule. Die Schüler halten die Gläser mit den brennenden Kerzen in den Händen und ihre Gesichter sind von dem gaukelnden goldigen Licht deformiert. Lenka hat ihre Arme um die Schultern der Kinder gelegt und sie drücken sich an sie, lachen und rempeln einander mit den Ellbogen. Die Eltern bleiben bei ihnen stehen, geben Lenka die Hand und ziehen ihre Kinder fort, es geht nach Hause.

Bis ich mich zum Grüppchen der Theaterspieler hindurchgebahnt habe, sind bei Lenka nur noch mein Sohn und das Mädchen im Organzakleid übriggeblieben. Das Mädchen hat eingerissene Ärmel, zerzauste Haare, an den Knöcheln zusammengeschobene Strumpfhosen und tritt vor Kälte von einem Bein aufs andere. Sie sieht noch schlimmer als jämmerlich aus, doch ihr Gesicht zeigt eine funkelnde Freude und ihre Augen springen begierig über die Gesichter der letzten gehenden Zuschauer, damit ihr kein bewundernder Blick entgeht.

Lenka nickt einer Bekannten zu, die sich aus einem langsam fahrenden Auto herauslehnt. Im zweiten Geschoss gehen in den Klassenräumen nacheinander die Lichter aus und im Erdgeschoss im Vestibül werden Kabel entlanggezogen, die irgendwo irgendwer aufrollt.

Als mein Sohn mich entdeckt, rennt er los, bohrt mir seinen Kopf in den Bauch und umarmt meine Oberschenkel. Dann neigt er den Kopf nach hinten und blickt mich mit einem breiten Lächeln an. Ich streichele ihn, rücke ihm die Mütze zurecht. Seine schwarzen Augen warten. »Wir haben dich gesucht«, sagt er. »Du hast es geschafft«, sage ich. »Eine Eins«, füge ich hinzu und tippe ihm auf die Wangen. Ich schaue zu Lenka, zu dem Mädchen hin. Lenka hält das Mädchen an den Schultern, es knickt ein Bein im Knie ein und lehnt sich an seine Lehrerin. Man sieht ihr die Erschöpfung an, sie hat Ringe unter den Augen und ihre Haut ist aschgrau. »Sie sollten hineingehen«, sage ich, doch es klingt irgendwie dumm und unangemessen. »Das war super ... du warst super«, korrigiere ich mich und berühre leicht ihre Schulter. Sie schaudert und zieht die Nase hoch. »Dein Papa muss glücklich sein, wenn er dich so sieht«, sage ich, doch da zieht mich Jakub schon an der Hand und jammert, ihm sei kalt und er ist müde und möchte endlich nach Hause gehen, und so werden meine letzten Worte zwischen kleinen Steinen zerknirscht, die mein durch Endorphine aufgeputschter Junge herumkickt. Ich winke ihnen zu und lasse mich von meinem Sohn an der Hand nach Hause ziehen.

Monika Kompaníková (1979) studierte Malerei an der Hochschule für Bildende Künste (VŠVU) in Bratislava. Sie ist Autorin der Erzählsammlung *Miesto pre samotu (Ein Ort für die Einsamkeit)*, der Novelle *Biele miesta (Weiße Orte)*, des Romans *Piata loď (Das fünfte Schiff)* und der Novelle *Na sútoku (Am Zusammenfluss)* sowie von drei Kinderbüchern. Der Roman *Das fünfte Schiff* wurde in zwölf Sprachen übersetzt, mit dem renommierten slowakischen Literaturpreis *Anasoft litera* ausgezeichnet und in der Slowakei zum besten Buch des Jahres 2010 gekürt. Er wurde zur Vorlage für mehrere studentische Drehbücher, einen kurzen Animationsfilm, zwei Monodramen bzw. studentische Theaterstücke. Der ebenso auf dieser Novelle basierende Fernsehfilm *Piata loď (Little Harbour)* in der tschechoslowakischen Coproduktion der Regisseurin Iveta Grófová hatte seine Premiere auf der Berlinale 2017, dort wurde er mit dem Hauptpreis der Kategorie *Generation KPlus* – dem Gläsernen Bären – ausgezeichnet und erhielt zahlreiche weitere Preise auf internationalen Filmfestivals. Das Kinderbuch *Hlbokomorské rozprávky (Tiefseemärchen)* mit Illustrationen von Veronika Holecová erschien bereits in der dritten Auflage und erhielt sowohl für den Text als auch für die Illustrationen mehrere Preise. Das Kinderbuch *Kde je Ester? (Wo ist Ester?)* wurde von der Slowakischen Nationalgalerie herausgegeben.

Monika Kompaníková ist Preisträgerin des *Ivan-Kraska-Preises* für ihr Debüt, mehrfache Finalistin des Preises für Kurzgeschichten *Poviedka*, sie wurde auch mit dem Preis des slowakischen Literaturfonds sowie mit dem Preis der Stiftung der Tatra Bank für junge Kunstschaffende ausgezeichnet und war außerdem bereits Mitglied der Jury bei der Vergabe des Preises der Stiftung der Tatra Bank.

Sie publiziert regelmäßig in der unabhängigen Tageszeitung *Denník N* und ist Chefredakteurin der Literaturzeitschrift *Čo číta'?*.

www.drava.at